✿ 동심으로 지은 디카 꽃시집

초록 별나라
숲사랑 꽃잔치

시와 꽃 해설 · 사진
정 용 원

접시꽃송이 옆에 앉아서 꽃이 피기를 기다리는 나비

| 꽃시집을 펴내면서 |

숲사랑,
꽃잔치에 초대하며

　어릴 적부터 유난히 꽃을 좋아했습니다. 누나랑 누이동생이랑 싸리 울타리 밑에 꽃밭을 만들고 분꽃, 접시꽃, 채송화, 과꽃, 봉숭아, 국화, 상사화, 꽈리, 나팔꽃… 등을 심고 가꾸었습니다. 마침내 꽃이 피어나면 환호성을 지르며 손뼉을 쳤습니다.

　선생님이 되어서는 교실 앞 꽃밭에 어린이들과 온갖 꽃을 정성껏 가꾸었고 꽃이 피어날 때마다 어린이들과 손뼉을 치고 노래를 부르며 꽃에 대한 글을 지었습니다.

　해마다 가지가지 꽃씨를 채집하여 두었다가 씨앗을 봉투에 담아 어린이들에게 선물했지요. 여름방학이 끝나면 집에서 가꾼 꽃을 가져오게 해서 전시회를 열고 감상한 후, 잘 가꾼 어린이에게 상을 주고 꽃에 대한 시를 지었습니다.

　학교를 온통 꽃 천지로 만들었고 동네 골목길이나 공원에 꽃씨를 뿌려서 꽃동네를 만들기도 했고 친지나 벗들에게 꽃씨를 선물하기도 했습니다.

내가 사는 마을에 온갖 기화요초를 심고 가꾸며 아름다운 꽃과 나비와 벌을 초대하였습니다. 정성을 다해 가꾼 행운목이 꽃을 피운 날은 행운 축하잔치를 벌이기도 했습니다.

나는 하이네 시인처럼 '마음도 꽃도 활짝 열리어 마치 꿈꾸듯 거닐고' 싶습니다. 서로 시샘, 질투, 원망하지 않고 생긴 모습 그대로 자랑하고 물과 햇볕과 향기를 나눠 마시며 사는 꽃처럼 사람들도 욕하거나 싸우지 않고 사이좋게 살아가면 좋겠습니다.

자연과 인간은 하나입니다. 푸른 숲이 없는 곳에서는 동물도 식물도 살 수 없습니다. 사람들이 푸른 숲에서 맑은 공기를 마시고 꽃처럼 아름답고 향기롭게 어울려 산다면 이 세상이 바로 낙원, 천당, 극락일 것입니다. 북한이 헐벗은 산에 나무와 꽃을 심고 핵무기를 버린다면 남북통일이 되어 세상에 제일 살기 좋은 삼천리 금수강산이 될 것입니다. 과학자들이 우주에서 지구와 환경이 똑같은 별(케플러 45)을 발견했답니다. 아직 가보지 않아서 어떤 별인지는 모르지만 초록 별 우리 지구가 케플러보다 더 살기 좋은 별이었으면 좋겠습니다.

이 시집 속 사진의 대부분은 여러 해 동안 꽃을 찾아다니며 직접 찍은 자연의 모습들입니다.

자연환경이 파괴되고 인정이 메말라가는 삭막한 세상에서 어린이와 어른들이 이 시집 속의 시를 낭송하며 꽃을 감상한다면 나는 행복에 겨워 눈시울을 적실지도 모르겠습니다. 그리고 꽃말과 꽃에 대한 해설을 사전에서 찾아

내어 실었는데 자연 학습에 도움이 되었으면 더욱 좋겠습니다. 슬프고 외롭고 걱정이 많은 사람들에게 꽃처럼 웃으라고 이 시집을 선물로 드립니다.

나는 꽃 속을 거닐고 있다./ 마음도 꽃도 활짝 열리어/

나는 마치 꿈꾸듯이 거닐고 있다./ 한 걸음 한 걸음 휘청거리며…//

아 아, 내 사랑아 날 놓지 말지니/ 안 그러면 사랑에 도취된 나머지/

나는 네 발 아래 쓰러질 듯하다./ 사람들이 많이 보는 이 꽃밭에서.

❀ 하이네의 시 '나는 꽃 속을 거닐고 있다'

제1부
행복한 세상

행복한 세상 / 14
너는 꽃보다 더 예쁘다 / 15
웃는 꽃 / 16
꽃들은 웃는데 / 17
꽃은 화장을 하지않아도 / 18
꽃 떨어진 자리 / 19
말하는 꽃 / 20
꽃이 피고 지네 / 21
꽃과의 대화 / 22
꽃이 된다면 / 23
꽃밭 / 24
그는 누굴까? / 25
시골집 할머니꽃 / 26
꽃이 피네 / 27
아차산 꽃길에서 / 28
무슨 꽃일까? / 29
미운 꽃 / 30
들꽃 / 31
메리골드(금잔화) / 32

제2부
웃음꽃 피는 마을

강아지풀 / 34
까치수염 / 35
개감수꽃 / 36
개나리꽃 / 37
개망초꽃 / 38
개불알꽃 / 39
깽깽이풀 / 40
과꽃 / 41
꽃댕강나무 / 42
개별꽃 / 43
고추 / 44
꽈리 / 45
꽝꽝나무꽃 / 46
구름떡쑥 / 47
구절초 / 48
국수나무꽃 / 49
국화꽃 지도 / 50
꿀풀 / 51
금강봄맞이꽃 / 52
금꿩의 다리 / 53
금낭화 / 54
금목서꽃 / 55
기린초 / 56

제3부
숲 사랑 꽃 마음

나리꽃　　　／ 58
나팔꽃　　　／ 59
노란 코스모스　　／ 60
노루발꽃　　　／ 61
노루오줌꽃　　／ 62
능소화　　　／ 63
다정큼나무　　／ 64
달맞이꽃　　　／ 65
담배꽃　　　／ 66
딸기　　　／ 67
때죽나무　　　／ 68
도깨비바늘　　／ 69
도라지꽃　　　／ 70
돈나무　　　／ 71
등나무꽃　　　／ 72
등대꽃　　　／ 73
접시를 씻는다　　／ 74

제4부
울산대공원의 풍차

만병초　　　／ 76
만수국 아재비꽃　　／ 77
매발톱꽃　　　／ 78
말똥비름　　　／ 79
메꽃　　　／ 80
매화꽃　　　／ 81
며느리 밑씻개꽃　　／ 82
며느리배꼽꽃　　／ 83
모과꽃　　　／ 84
모란이 피는 날　　／ 85
목련꽃　　　／ 86
목화　　　／ 87
무궁화　　　／ 88
무릇꽃　　　／ 89
물레나물　　　／ 90
물봉선　　　／ 91
물솜방망이꽃　　／ 92
미모사　　　／ 93
미선나무　　　／ 94
민들레꽃　　　／ 95
함박꽃　　　／ 96

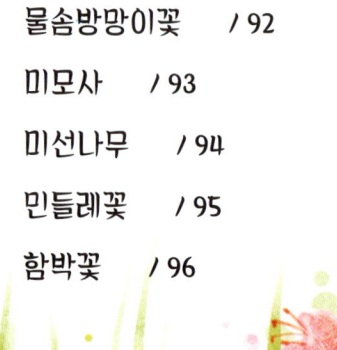

제5부
백두산의 봄 여름

바람꽃 / 98
바위솔꽃 / 99
박하 / 100
반하 / 101
방가지똥 / 102
배롱나무꽃 / 103
배꽃 / 104
백일홍 / 105
벌개미취 / 106
벌노랑이 / 107
범꼬리 꽃 / 108
범부채꽃 / 109
뻐꾹나리 / 110
벚꽃 / 111
병아리 난초 / 112
보리밥나무 / 113
복수초 / 114
부치꽃 / 115
복숭아꽃 / 116
봉선화 / 117

제6부
너와 나의 선물

부들 / 120
분꽃씨 / 121
붓꽃(1) / 122
붓꽃(2) / 123
비파 / 124
사과꽃 / 125
사마귀풀 / 126
산꼬리풀 / 127
산솜방망이 / 128
산괴불주머니 / 129
산수유꽃 / 130
살구꽃 / 131
상사화 / 132
생강나무 / 133
솔꽃 / 134
송화꽃 / 135
수국 / 136
수수꽃다리 / 137
술패랭이 / 138
쑥부쟁이 / 139
씀바귀 / 140

제7부
어머니 꽃

아까시꽃 / 142
아기사과꽃 / 143
애기똥풀꽃 / 144
야고꽃 / 145
양지꽃 / 146
어리연꽃 / 147
얼레지 / 148
엉겅퀴꽃 / 149
여뀌 / 150
연꽃 / 151
연꽃 옆에서 / 152
왜솜다리꽃 / 153
용머리꽃 / 154
우산나물 / 155
유채꽃 / 156

제8부
숲속 비밀

은방울꽃 / 158
이삿짐 위의 개나리 / 159
자운영 / 160
꽃방망이 / 161
장미꽃 / 162
조팝꽃 / 163
쥐똥나무 / 164
쥐오줌풀 / 165
접시꽃 / 166
제비꽃 / 167
제비동자꽃 / 168
참깨꽃 / 169
참좁쌀풀 / 170
채송화 / 171
처녀치마꽃 / 172
천사나팔꽃 / 173
철쭉꽃 / 174
초롱꽃 / 175
층꽃 / 176
카네이션 / 177
란타나 / 178

제9부
남한산성의 봄

코스모스 꽃길 / 180

큰 방울새난 / 181

클로버꽃 / 182

토란꽃 / 183

토마토꽃 / 184

파꽃 / 185

파리지옥꽃 / 186

팔손이꽃 / 187

패랭이꽃 / 188

풍접초꽃 / 189

피나물 / 190

할미꽃 / 191

함박꽃 / 192

해당화 / 193

해바라기 / 194

해오라비 난초 / 195

행운목꽃 핀 날 / 196

호박꽃 / 197

홀아비꽃대 / 198

홍초(칸나) / 199

제1부
행복한 세상

행복한 세상

향기 가득한 꽃밭
벌 나비 하루종일 춤추는 곳

분꽃, 달맞이꽃이 인사를 합니다.
"안녕, 안녕."
분가루로 화장하고 달마중 가요.

송이송이 꽃송이 같은 아이들
꽃대궐에서 손잡고 노래 불러요.

남북통일 손에 손잡고 춤추는 나라
꽃과 나비가 사랑을 속삭이고
시의 샘이 퐁퐁퐁 솟아나는 꿈나라

무궁화 피고 피고 피는 우리나라
해와 별과 새싹들도 합창단 되어
꽃처럼 아름다운 세상을 노래하지요.

너는 꽃보다 더 예쁘다

아기는 꽃을 보고 생글생글
꽃은 아기를 보고 방글방글

"넌 어느 별에서 온 꽃이니?"
"금별 은별 샛별에서 왔지!"

별꽃이 좋아 생글생글 웃는
너는 별꽃보다 더 예쁘다.

웃는 꽃

호박꽃은 꿀벌이 좋아
민들레는 노랑나비가 좋아
해바라기는 해님이 좋아
아기똥풀꽃은 아기가 좋아

아파도 웃고
무서워도 웃고
슬퍼도 웃고
기뻐도 웃는 꽃

밤마다 별을 만나
별꽃이 반갑다고 웃고
달맞이꽃은 달 보고 웃는다.

꽃들은 웃는데

겨울동안 참았던
개나리꽃이 웃는다.

진달래도 웃고
수수꽃다리도 웃고

함박꽃도 함박웃고
모란꽃도 웃는데

봄이 와도 웃지 않는 사람
꽃들은 웃는데
그게 그렇게 힘들까!

꽃은 화장을 하지않아도

꽃들은 이슬로 세수하고
아침 햇살로 얼굴 닦고

분칠 안 하고 향수 안 뿌려도
붕 붕 붕
벌이 찾아오고

팔랑팔랑
나비들이 춤추며 찾고

방글방글
아기들도 친구가 되잔다.

꽃 떨어진 자리

감꽃이 떨어진
아픈 그 자리
배꼽 달린 아기 땡감 하나
기쁜 그 자리

민들레꽃 떨어진
아픈 그 자리

낙하산 여행 꿈꾸는
씨앗 형제들

아픔과 기쁨 나눈
꽃 떨어진
그 자리

말하는 꽃

나팔꽃은
"잠꾸러기야 일어나라. 아침 해가 떴다."

함박꽃은
"함박 웃는 그 얼굴이 제일 예쁘단다"

호박꽃은
"못 생겼다고 놀리지만 꿀이 젤 많아요"

무궁화는
"삼천리 화려강산 온 세상 빛내줘요"

분꽃은
"얼굴에 분칠하고 시집가고 싶어요"

행운목꽃은
"모두 모두 행운의 열쇠 받아가세요"

꽃이 피고 지네

봄 되면 돌아오시는 할머니
아들 손자 며느리 반기는 할미꽃

뻐꾸기 꾀꼬리 노랫소리
산길에 피어나는 도라지꽃 패랭이꽃

겨우내 내린 눈송이
해마다 하얗게 피워내는
벚꽃이랑 백목련꽃

땅 속에 묻혀있던 빨간 불씨
활활 타오르는 모란꽃 해당화

땅 속의 웃음 보따리
해마다 풀어놓는 함박꽃 장미꽃

땅 속에서 솟아나온 기쁨의 꽃
해마다 피고 지고 피고 지고

꽃과의 대화

층암절벽 낭떠러지에
산나리꽃 한 송이 피었습니다.

"나리꽃아, 여기 내려오너라."
내가 손짓 했습니다.

"아냐, 네가 올라오너라."
꽃이 나더러 손짓 했습니다.

나는 절벽 타고 올라갔고
꽃은 아래로 내려왔습니다.

다람쥐가 둘의 마음을 싣고
오르락 내리락 했습니다.

꽃이 된다면

이 세상 사람 모두
꽃이 된다면

키다리는 해바라기
난쟁이는 채송화
어린이는 연꽃

검둥이는 흑장미
흰둥이는 백합

우리들은 달맞이
꽃이 된다면

이 세상은 언제나
향기로 가득하겠지
노래로 출렁이겠지.

꽃밭

꽃밭에는
키다리 난쟁이 덩굴손
저마다 알맞게 뿌리를 뻗고

저마다 예쁜 얼굴
방글방글 웃으며

저마다 다른 향기
나눠 마시고

벌 나비 초청해
잔치 잔치 벌이고

그는 누굴까?

봄이면 앞산 뒷산
꽃 천지 만드는 그는 누굴까?

여름이면 저 들판
초록 연두 파랑으로
풀꽃 피우는 그는 누굴까?

가을이면 고향 가는 길
노랑 빨강 울긋불긋
꽃 피우는 그는 누굴까?

겨울이면 온 세상
눈부시게 새하얗게
눈꽃 피우는 그는 누굴까?

시골집 할머니꽃

아들 딸 도시로 떠나버리고
할머니 혼자 사는 오두막집

벌 나비 꽃밭에 모여서
꿀 향기 잔치 벌이는데

시골집 꼬부랑 할머니꽃
서울 사는 손자 손녀 기다린다.

꽃이 피네

산에 산에 꽃 피네.
도라지꽃 진달래 개암꽃이 피네.

들에 들에 꽃 피네.
들국화 개망초 냉이꽃 피네.

연못에도 시냇가에도
연꽃 물봉선 버들개지 꽃 피네.

우리집에도 꽃 피네
온 식구들 얼굴에 웃음꽃 피네.

아차산 꽃길에서

아차산 등산객들에게
꽃들이 입을 모아 말한다.

"튼튼한 몸도 중요하지만
 마음부터 곱고 향기로우세요."

아차, 그렇구나!
이제야 말을 알아들었구나!

"아차, 그렇구나!"
 마음도 몸도 튼튼해야겠구나!

무슨 꽃일까?

꽃 중에 제일
예쁘고 향기로운 꽃은 뭘까?

장미꽃일까?
백합? 모란? 양귀비꽃?

아냐 아냐
다시 알아맞혀 봐.

허허허허 웃는 아빠꽃
호호호호 웃는 엄마꽃

주름살 펴고 웃는 할미꽃
깔깔깔깔 내 친구꽃

싱글벙글 오빠, 생긋생긋 누나,
방글방글 내 동생 꽃

그건 바로 바로
우리집에 활짝 핀 웃음꽃이지.

미운 꽃

꽃 중에서 제일 미운 꽃
무슨 꽃일까?

곤충들 무서워하는 끈끈이주걱?
파리 잡아먹는 파리지옥꽃?
오랑캐꽃?
도깨비바늘?

아냐 아냐, 다시 맞혀 봐
남의 흉 보고 괴롭히는 꽃

남 업신여기고 빈정거려
손가락질 당하는 미운 꽃

그건 그건 바로
아무도 찾지않는 비웃음꽃이야.

들꽃

바람이 씨앗 날라 심어주고
하늘이 단비로 흠뻑 적셔주고
햇님이 따스한 볕을 쬐어주었다.

바람이 폭풍우로 뒤흔들어 보고
하늘이 가뭄으로 애태워 보고
햇님이 뙤약볕으로 혼내 주었다.

봄 여름 다 가고 가을이 오면
향기 가득 들판을 채워놓고
바람과 해님을 초대하는 들꽃

메리골드(금잔화)

여름부터 가을까지
문 앞에 금빛 술잔 꽃이 핀다.

뱀도 도망가고
모기도 얼씬 못하지.

금잔화라 부르는 꽃
진한 향기 피우며 꽃을 피우면

사람들 눈 밝아진다고
차 끓여 마시는 꽃

꽃말 : 반드시 오고 말 행복

우리말 이름은 '금빛 술잔을 닮은 꽃'이라는 뜻의 한자이름 '금잔화(金盞花)'에서 유래하였다. 혀모양 꽃의 길이는 모인 꽃싸개조각 길이보다 약 2배 길다.
유럽 원산의 한해살이풀로 전국 각지에서 관상용으로 심어 기른다. 전체에 짧은 털이 난다. 줄기는 곧추서고 높이 20-50cm이며, 밑에서부터 가지가 갈라진다. 머리모양꽃차례의 가장자리에는 붉은빛이 도는 노란색의 혀모양꽃이 달리며, 안쪽에는 노란색의 관모양꽃이 배열한다. 열매는 겉에 가시 모양의 돌기가 난다. 식물체를 약용 또는 식용색소용으로 쓴다.

제2부
웃음꽃 피는 마을

강아지풀

멍 멍 멍 멍
예쁜 강아지

간질간질 간지러워
살랑살랑 꼬리 흔들면

강아지 꼬리 잡으러
빙 빙 빙 빙 돌면
아유 어지러워!

꽃말 : 동심, 노여움

전국의 들이나 밭, 길가에서 흔히 볼 수 있는 한해살이풀이다. 뿌리에서 몇 개의 줄기가 곧추서서 나오며 키는 40~70cm 정도 된다. 잎은 줄기의 마디마다 1장씩 달리며 길이는 10~20cm, 나비는 5~17mm정도 되고 털이 없다. 뿌리는 수염뿌리이고 잎맥은 나란히맥으로 교과서에 나오는 전형적인 외떡잎식물이다. 강아지풀과 비슷한 종에는 금강아지풀, 갯강아지풀, 수강아지풀, 가을강아지풀 등이 있다.

까치수염

까치도 어른이 되면
수염이 나는가 봐

어험 어험
수염 쓰다듬는 꽃

나도 어른 되면
저런 꽃수염 나면 좋겠다.

꽃말 : 꿈을 이룸

쌍떡잎식물강 진달래목 앵초과 큰까치수염속에 속하는 속씨식물. 학명은 'Lysimachia clethroides Duby'이다. 꽃의 모양이 까치의 흰 목덜미 부분을 닮았다고 해서 큰까치수염이라는 이름이 붙었다는 설이 있다. 키는 1m 정도까지 자라는데, 줄기의 아래쪽은 약간 붉은빛을 띠고 윗부분에는 털이 나 있다. 흰색의 꽃은 줄기 끝에 총상꽃차례로 피는데 꽃차례 끝이 아래로 조금 숙여져 핀다. 꽃잎과 꽃받침 잎은 모두 5장이며 수술은 5개, 암술은 1개이다. 둥근 모양의 열매는 길이가 2.5mm 정도로 조그맣다. 여러해살이풀로 꽃은 6~8월에 피고, 열매는 8월에 맺는다. 전국 어디에서나 발견할 수 있다.

개감수꽃

해마다 산과 들에

봄이 오면 피어나는 개감수꽃

수염뿌리 홍자색 줄기에

샛노란 꽃 피고 난 뒤

귀여운 방울 열매 쏘옥 나왔네.

우리 아기 딸랑딸랑

방울 흔들며 놀도록 선물하고파

꽃말 : 애교

산이나 숲속에 자라며 5~7월에 꽃이 피는 여러해살이풀' 꽃줄기는 줄기 맨 윗부분에서만 5갈래로 갈라져 나오고 2차로 갈라지는 양상을 보이는 것이 일반적이나 또 한 차례 더 갈라지는 모습을 보이기도 한다. 한 포기에서 암꽃과 수꽃이 따로 핀다. 꿀샘덩이가 초승달 모양이라는 특징이 있다. 열매는 지름 3mm 정도로 익고 3갈래로 갈라지며 표면이 매끄러운 편이다. 꽃이 지고 난 7~9월 즈음에 간혹 줄기 끝에서 새로운 줄기가 돋으면서 잎만 자라기도 한다. 우리나라의 식물 명칭에 '개'라는 이름이 붙으면 산, 들판, 야생이라는 뜻을 담고 있다고 생각하면 되는데 개감수는 물론이고 개별꽃, 개고사리, 개불알풀, 개불알꽃, 개머루 등 다양한 이름을 가진 식물이 있다.

개나리꽃

화가님이 봄 풍경 그리려고
노랑색칠 하다가

봄 햇살에 깜박 졸다
통째로 쏟아버린 물감

샛노란 도화지 위로
노랑 나비떼 훨 훨 훨 훨....

꽃말 : 희망, 기대, 깊은 정

개나리는 물푸레나무과에 딸린 낙엽 관목으로 흔히 정원수나 산울타리로 가꾼다. 키는 3m가량이고, 이른 봄이면 잎이 피기도 전에 노란 꽃이 핀다. 꽃은 통꽃이며 4갈래로 갈라진다. 톱니가 있는 긴 타원형의 잎은 어긋나기로 나며 가을에 떨어진다. 끝이 뾰족한 열매는 가을에 갈색으로 익는데 둘로 갈라져 터지며 한방에서 약으로 쓴다. 새 가지는 길게 뻗어 늘어지고 땅에 닿으면 뿌리를 뻗는다. 중국이 원산지이며, 우리나라와 일본에 많다. 번식은 꺾꽂이 · 포기나누기로 한다.

개망초꽃

들판을 새하얗게 덮은
안개인가 바람인가

아무도 봐주지 않는데
혼자 피고 지는 꽃

잡초 속 이름도 하잘 것 없어
농민들이 미워하여
별밤에 눈물 짓는 꽃
들판을 망하게 한다는 꽃

꽃말 : 화해

쌍떡잎식물로 통꽃이다. 북아메리카 원산이며 꽃의 모양이 계란과 비슷하다하여 계란꽃이라고 하는 사람도 있다. 어린 묘의 상태로 겨울을 지난 후 여름에 꽃을 피우는 두해살이 잡초이며, 키는 30~100cm 정도이고 가지가 많이 갈라진다. 줄기잎은 달걀모양으로 어긋나기로 달리며, 가장자리에 톱니가 드문드문 있고 양면에 털이 있고 잎자루에 날개가 있다. 윗부분의 잎은 양끝이 좁은 피침형으로 잎맥 위와 가장자리에 털이 있다. 뿌리에서 나온 잎은 꽃이 필 때 없어지는데 난형으로 가장자리에 뾰족한 톱니가 있으며 긴 잎자루가 있다.

개불알꽃

양지쪽 풀밭에서
낮잠 자는 수컷 누렁이

다리 사이 홍자색
고약한 그 이름 누가 지었을까

아유 부끄러워!
누가 보거나 말거나
웃거나 말거나

꽃말 : 기쁜소식, 희망

난초과 복주머니란속에 속하는 풀꽃. 유라시아와 아메리카 대륙 열대지방이 원산지이다. 온대와 아열대 기후에서 자라는 50여 종이 이에 해당한다. 가장 널리 알려진 종류는 노랑개불알꽃으로, 키는 30~60cm 정도이며 줄기에 1~2송이의 꽃을 피운다. 한국에서는 광릉요강꽃·개불알꽃·털개불알꽃·노랑개불알꽃 4종류가 자생하고 있다.

깽깽이풀

엄마한테 쫓겨나
깽깽깽 울던 강아지

강아지가 불쌍하다고
자홍색 웃음꽃 피웠다.

깽깽깽 울지만 말고
깽깽이꽃처럼 웃어봐

꽃말 : 안심하세요

전국의 산 중턱 아래에 드물게 자라는 여러해살이풀로서 높이 20cm쯤이다. 중국 동북부에도 분포한다. 잎은 뿌리에서 여러 장이 나며, 잎자루가 길다. 잎몸은 둥근 모양, 밑은 심장 모양, 끝은 오목하고, 가장자리는 물결 모양이다. 꽃은 4월에 잎보다 먼저 뿌리에서 난 긴 꽃자루 끝에 1개씩 달리며, 붉은 보라색 또는 드물게 흰색을 띤다. 꽃받침잎은 4장, 피침형, 일찍 떨어진다.
꽃잎은 6-8장이며, 난형이다. 수술은 6-8개, 암술은 1개다. 열매는 삭과다.

과꽃

시골집 싸리 울타리 밑에
누님과 만든 꽃밭

누님은 시집갔지만
올해도 과꽃은 우리집 지킵니다.

보름달 같던 누님 얼굴
과꽃으로 피어났습니다.

이슬 방울방울
날 생각하며 눈물짓고 있습니다.

꽃말 : 변화, 추억

북부지방의 산기슭, 골짜기, 길가에 자라는 한해살이풀로서 전국에서 심어 기른다. 줄기는 곧추서며, 위쪽에서 가지가 조금 갈라지기도 하고, 높이 30–100cm다. 줄기 겉에 흰 털이 나며, 보통 자줏빛이 돈다. 잎은 어긋나며, 난형, 가장자리에 톱니가 있다. 잎자루는 위로 갈수록 짧다. 꽃은 7–9월에 줄기와 가지 끝에서 머리모양꽃이 1개씩 달린다. 머리모양꽃은 가장자리에 혀모양꽃이 자주색이고, 가운데 있는 관모양꽃은 노란색이다. 혀모양꽃은 암술만 있는 암꽃이다. 모인꽃싸개는 반구형, 조각이 3줄로 붙는다. 열매는 수과다. 여러 가지 원예품종이 개발되어 전 세계에 보급되었다.

꽃댕강나무

댕그랑 댕그랑
산을 흔드는 부처님 새벽 종소리

댕그랑 댕그랑
모두 모두 일어나요.

댕그랑 댕그랑
잠꾸러기 아기동물들 깨어납니다.

댕그랑 댕그랑
꽃향기 나눠주는 부처님 종소리

* 댕강 : 댕그랑의 준말

꽃말 : 평안함

작은 종 모양의 꽃에서 그윽하게 퍼지는 향기에 취하게 하는 꽃댕강나무. 작은 꽃들은 7월부터 피기 시작하여 찬바람이 불기 전까지 계속해서 핀다. 12월까지도 꽃댕강나무의 꽃을 볼 수 있다. 계속해서 피고 지는 꽃을 6개월 이상 감상할 수 있다. 꽃댕강나무는 하늘하늘해 보이는 잎과 꽃을 가지고 있지만 아주 튼튼하게 잘 자란다.

댕강나무는 평안남도의 석회암 지대에서 자생하는 우리 나라 고유의 인동과 나무이다. 가지를 꺾으면 '댕강' 하는 소리가 나서 댕강나무라고 이름이 붙여졌다. 이 댕강나무를 원예종으로 개발한 것이 꽃댕강나무다. 꽃의 관상 가치가 높아서 붙여진 이름이다. 속명 Abelia는 식물학자 아벨(Clarke Abel) 박사의 이름에서 유래된 것이다. 종명인 grandiflora는 '큰 꽃'이라는 뜻이지만 꽃댕강나무의 꽃은 그리 크지 않다. 꽃댕강나무는 학명인 '아벨리아'라고 불리기도 한다. 꽃꽂이를 할 때 사용하는 절화는 꽃댕강나무라는 이름보다는 '아벨리아'로 더 잘 알려져 있다.

개별꽃

밤마다 숲속에
하얀 아기별이 웃는다.

하늘에서 내려온
아기별이 돌아갈 줄 모른다.

강아지 꼬리처럼 예쁘게
살랑살랑 흔드는 별꽃

꽃말 : 귀여움

들별꽃이라고도 한다. 사각뿔 모양의 덩이뿌리는 무처럼 살이 찌며 1~2개씩 붙는다. 줄기는 1~2개씩 나오며 흰 털이 난다. 꽃 모양이 별과 같고 산에서 피기 때문에 개별꽃이라 부른다. 식용·약용으로 이용된다. 어린잎과 줄기는 식용한다. 약으로 쓸 때는 탕으로 하거나 환제 또는 산제로 하여 사용한다. 주로 호흡기·소화계 질환을 다스리며, 심경(心經), 강장보호, 건망증, 건비위, 건위, 다한증, 보폐·청폐, 불면증, 산후식욕부진, 소화불량, 식욕부진, 신기허약, 심장판막증, 열성하리, 윤폐, 치질, 해수, 허약체질에 도움이 된다.

고추

하얀 꽃 떨어진 자리
아기고추 달렸다.

초록 고추가 한여름 뙤약볕에
빨갛게 익어버렸다.

꽃 떨어진 그 자리에
대롱대롱 달린 빨간 고추

꽃말 : 맵자하다

가지과에 속하는 속씨식물. 다년초이다. 남아메리카가 원산지이며 주로 열매를 식용으로 하는데, 품종에 따라 관상용으로 심기도 한다. 열매에는 매운 맛을 나게 하는 캡사이신이 들어 있고 매운 정도는 품종에 따라 다르다. 한국에서는 주로 식용으로 풋고추와 말린 고추를 사용한다. 한방에서 동상이나 신경통, 근육통의 치료제로도 쓴다. 남아메리카가 원산지이다. 크기는 60~90cm 정도이다. 꽃말은 '맵자하다'이다.

꽈리

꽐 꽐 꽈알 꽐 꽈르르
꽈리 불던 우리 할머니

꽈리꽃 따다가
꽈리 만들어 불던 할머니

짝짝짝 껌을 씹는 요즘 아이들
옛날 그 꽈리 맛 알 턱이 없지

꽃말 : 약함, 수줍음

요약 가지과에 속하는 여러해살이풀. 한국과 중국, 일본이 원산지이다. 마을의 빈터와 산비탈, 풀밭에 흔히 자란다. 높이는 40~90cm로 자라고 꽃은 6~7월에 핀다. 꽃이 진 뒤 꽃받침이 달걀모양으로 되어 열매를 완전히 둘러싼다. 열매만을 '꽈리'라 부르기도 하는데, 예전에는 아이들이 열매를 놀잇감으로 가지고 놀기도 했다. 전초와 뿌리, 열매 모두 식용과 약용으로 사용되는데 청열·이뇨·해독의 효능이 있다.

꽝꽝나무꽃

꽝 꽝 꽝 꽝
소리만 요란했지.

꽝 꽝 꽝 꽝
이름만 겁을 주지.

꽝 꽝 꽝 꽝
아기 장난감 같은 꽃인데…

꽃말 : 굳은 의지

경상남도, 전라남·북도, 제주도의 산기슭에 자라며 일본에도 분포한다. 상록 떨기나무로 줄기는 가지가 많이 갈라지며 높이 1-3m이다. 잎은 어긋나며 가죽질이다. 잎몸은 타원형 또는 긴 타원형으로 가장자리에 가는 톱니가 있다. 잎 앞면은 짙은 녹색으로 윤이 나며 뒷면은 연한 녹색으로 샘점이 있다. 꽃은 암수딴그루로 잎겨드랑이에 달리며 흰빛이 도는 녹색이다. 수꽃은 총상꽃차례에 3-7개씩, 암꽃은 1개씩 달린다. 열매는 핵과이며 지름 6-7mm로 둥글고 10월에 검게 익는다.

구름떡쑥

구름으로 만든 떡
솜사탕 맛이 날까!

구름 쑥 버물러 만든 떡
쑥 쑥 잘도 넘어가겠지!

노란 구름떡쑥꽃
아기들이 먹고 싶어할까!

물렁물렁 구름떡쑥꽃
우리 할머니 드려야겠다.

꽃말 : 순수

개화기 8월, 9월 여러해살이풀 높이는 5-20㎝이다.
밑부분의 잎은 꽃이 필 때 없어지고 중앙부의 잎은 거꿀피침모양이며 끝이 둔하고 질이 두꺼우며 길이 1.5-2cm, 나비 3-7mm로서 밑으로 좁아져서 엽병이 없고 표면은 녹색이며 면모가 있고 뒷면은 면모가 밀생하여 회백색으로 된다. 꽃은 8-9월에 피며 연한 황색이고 머리모양꽃차례는 끝에 1개 또는 여러개가 모여서 산방상으로 된다.

구절초

밤 사이 그 많은 별들
이 들판에 다 내려왔나 보다,

여기서 하얗게 밤새우다
돌아갈 줄 모르고
구절구절 꽃이 되었구나.

이 별밭 가운데는
엄마별, 아빠 별, 내 별
이웃집 오누이별도 있을 거야.

꽃말 : 가을 여인 어머니의 사랑을 담은 꽃

이름의 유래는 음력 9월 9일 중양절에 채취한 것이 가장 약효가 좋다 하여 구절초라 한다. 줄기의 마디가 단오에는 다섯 중양절에는 아홉 마디가 된다는 뜻의 구와 중양절의 "절", 혹은 꺾는다는 뜻의 절자를 써서 구절초라고 한다. 가을에 뿌리째 캐어서 말려서 약으로 쓴다. 산과 들에 저절로 나며, 우리나라, 중국, 일본, 시베리아 등지에 분포한다.

국수나무꽃

예쁜 꽃송이로 국수를 만든다면
하얀 꽃잎 노오란 꽃술 국수
향긋한 냄새나는 맛있는 국수 되겠다.

오뉴월이면 산과 들에 피어나는
하아얀 꽃잎 노오란 꽃술
향긋한 꽃국수 한 그릇 먹고 싶다.

꽃말 : 모정

전국의 숲 속에 흔하게 자라는 낙엽 떨기나무다. 세계적으로 중국 동북부, 대만, 일본에 분포한다. 줄기는 높이 1-2m이며, 가지 끝이 옆으로 처진다. 잎은 어긋나며, 삼각상 넓은 난형, 가장자리에 톱니가 있다. 꽃은 5-6월에 햇가지 끝의 원추꽃차례에 달리며, 노란빛이 도는 흰색이다. 꽃잎은 5장이다. 수술은 10개, 꽃잎보다 짧다. 열매는 골돌이며, 원형 또는 도란형이다. 줄기의 골속이 국수처럼 생겼다 하여 '국수나무'라고 부른다. 관상용으로 재배한다.

국화꽃 지도

우리나라 삼천리를 뒤덮은
노란 국화꽃송이

휴전선도 없고
총소리도 안 들리는 꽃 지도.

온 나라가 향기로 가득
아름다운 금수강산.

남북 벌 나비 꿀 잔치 노래마당
남북통일 만세소리 들릴 것 같은
국화꽃 대한민국 지도

꽃말 : 성실, 정조, 고귀, 진실

국화과 국화속의 관상식물. 전 세계 각국의 산과 들에서 난다. 잎은 어긋나고 갈라졌으며, 가장자리에는 작은 톱니들이 있다. 꽃은 가을에 무리지어 핀다. 꽃색은 품종에 따라 노란색·흰색·주황색 등 다양하다. 2,000여 종이 넘는 품종들이 알려져 있는데, 크기에 따라서 대국·중국·소국으로 구분한다. 관상용으로 많이 심기며, 특히 동양에서는 예로부터 사군자의 하나로 귀한 대접을 받아왔다.

꿀풀

꿀 꿀 꿀 꿀
꿀돼지라고 꿀풀

꿀 꿀 꿀 꿀
꿀이 많다고 꿀풀

꿀 혼자 먹지말고
나눠먹으면 더 예쁘지.

꽃말 : 추억

전국의 산과 들에 흔하게 자라는 여러해살이풀로 중국과 일본에도 분포한다. 뿌리줄기가 있다. 줄기는 붉은색이 돌며, 털이 많고, 높이 20-60cm다. 잎은 마주나며, 난형 또는 난상 타원형, 가장자리가 밋밋하거나 톱니가 조금 있다. 꽃은 5-7월에 줄기 끝의 수상꽃차례에 빽빽이 달리며, 보라색, 분홍색, 흰색, 입술 모양이다. 꽃받침은 입술 모양, 5갈래로 갈라진다. 화관은 아랫입술이 3갈래로 갈라진다. 수술은 4개, 2개가 길다. 열매는 소견과이며, 4개로 갈라지고, 노란빛이 도는 갈색으로 익는다. 약으로 쓰인다.

금강봄맞이꽃

금수강산 삼천리에
봄이 왔어요 새 봄이

산에 들에 봄맞이
모두 손잡고 나오셔요.

방글방글 웃으며
봄마중 나왔어요.

금강에 봄맞이 가서
나비처럼 춤춰 보자꾸요.

꽃말 : 봄의 속삭임, 희망

앵초 과에 속하는 금강봄맞이꽃은 금강산과 설악산에서만 볼 수 있는 귀한 식물이다
높은 곳 바위틈에서 자라며 가녀린 줄기 끝에 흰색의 꽃이 핀다

금꿩의 다리

꿩 중에 금꿩이니
다리도 금다리일까?

금꿩이 걸어가면
다른 새들이 부러워할까?

아니지, 아닐 거야,
진짜 금이 아니라도
튼튼한 다리면 진짜 금다리지.

꽃말 : 키다리인형

다년생 초본으로 근경이나 종자로 번식한다. 중북부지방에 분포하며 산지의 숲에서 자란다. 원줄기는 높이 80~160cm 정도이고 가지가 갈라진다. 밑부분의 잎은 잎자루가 짧으며 3~4회 3출엽이고 소엽은 길이 2~3cm, 너비 15~25mm 정도의 도란형으로 3개의 둔한 톱니가 있다. 7~8월에 개화하며 원추꽃차례에 연한 자주색의 꽃이 핀다. 수과는 8~20개이며 넓은 긴 타원형으로 날개 같은 능선이 있다. '연잎꿩의다리'와 달리 소엽이 도란형이고 수과가 8~20개로 많고 짧은 자루가 있으며 꽃이 자색을 띤다. 관상용으로 심기도 하고 어린잎을 나물을 해 먹는 곳도 있지만 알칼로이드 성분이 있어 많이 먹으면 구토와 설사를 한다.

금낭화

스님의 불경 소리 가득한 절 마당가에
가지마다 조롱조롱 초롱불 켜들었네.
온 세상 밝히려면 저리도 많아야겠지.

금빛처럼 이 세상 변함없이 살아가고
낭떠러지 조심조심 발걸음도 조용조용
화평한 마음으로 보시하며 살아가라네.

금낭화 꽃초롱을 너도 하나 나도 하나
고운 손 나눠 들고 앞서거니 뒤서거니
어두운 밤길 따라 조심조심 걸어가라네.

꽃말 : 당신을 따르겠습니다

처음에는 중국이 원산지로 여겨졌으나 한국의 천마산, 가평, 설악산, 전북 완주 등지의 중부지역 산지에서 자생하는 것이 확인되어 한국도 원산지임이 밝혀졌다. 강원도 일대에 여행을 하다보면 집집마다 화단에 심어 가꾸는 인기 있는 원예종이다. 보통 2년은 가꾸어야 예쁜 꽃을 볼 수 있다.
꽃은 5~6월에 옅은 분홍색으로 피어난다. 줄기 끝에 차례로 피어나고 꽃모양은 볼록한 주머니 모양이다. 수술은 6개 암술은 1개이다. 열매는 6~7월경에 콩꼬투리 모양의 긴 타원형으로 달리고 안에는 검고 광채가 나는 종자가 들어 있다. 꼬투리는 가지 안쪽에서 꽃이 핀 순서에 따라 가지끝 쪽으로 주렁주렁 매달린다.

금목서꽃

우리학교 정원에 핀 금목서꽃
온 학교에 가득한 향기
어린이와 선생님들 모두 취했다.

금목서 활짝 꽃 핀 날
벌도 나비도 취하고
동네방네 사람들도 취했다.

겸손하라 진실하라
가르치는 향기로운 꽃

꽃말 : 당신의 마음을 끌다

중국; 경남, 전남지역의 따뜻한 곳에 식재. 형태 : 상록 활엽 관목. 크기 : 높이 3~4m. 잎은 마주나기하며 긴 타원형이고 길이와 폭이 각 7 ~ 12cm × 2.5 ~ 4cm로, 가장자리에 잔톱니가 있거나 거의 밋밋하며, 꽃은 암수딴그루이고 지름 5mm정도로서 9~10월에 우상모양꽃차례로 잎겨드랑이에 달리며 두터운 육질화로 짙은 향기가 있다. 꽃은 등황색이며 길이 7 ~ 10mm의 꽃대가 있다. 꽃받침은 녹색이며 4개로 갈라지고 꽃부리도 4개로 갈라지며 열편은 타원형 원두이고 2개의 수술과 1개의 암술이 있다.

기린초

기린초야,
기린 닮아 기린초구나.

목이 길다고 기린이 아냐
오랫동안 헤어진 네가 보고파

기다리다 기다리다
노란 꽃으로 피어난 거야.

꽃말 : 소녀의 사랑

다년생 초본으로 근경이나 종자로 번식한다. 중북부지방에 분포하며 산지의 바위틈에서 자란다. 군생으로 나오는 원줄기는 높이 15~30cm 정도이고 뿌리가 굵다. 어긋나는 잎은 길이 2~4cm, 너비 1~2cm 정도의 도란형 또는 넓은 도피침형으로 가장자리에 둔한 톱니가 있고 양면에 털이 없다. 6~7월에 개화하며 산방상 취산꽃차례에 많이 달리는 꽃은 황색이다. '가는기린초'와 달리 줄기가 총생하며 때로는 가지가 갈라지고 잎은 도란상 또는 도란상타원형이다. 어릴 때에는 식용하고 봄에 어린순을 삶아 나물로 먹거나 데쳐서 초고추장이나 된장에 무쳐 먹는다. 데친 나물을 김밥에 넣어 먹기도 한다. 관상용으로 심기도 한다.

제3부
숲 사랑 꽃 마음

나리꽃

나리 나리 참나리꽃
높은 산언덕에 아슬아슬 피었네.

지나던 구름이 예쁘다 어루만지고
다람쥐 청솔모 넋 잃고 감상하네.

높은 산언덕에서 봄소식 뿌리며
참나리꽃 호호호 웃고 있구나.

꽃말 : 순결, 깨끗한 마음

백합과에 속하는 다년생초. 일본과 중국, 한국이 원산지이고, 산과 들에 서식한다. 크기는 1~2m 정도이다. 꽃은 한여름에서 늦여름 사이에 피며, 꽃말은 '순결', '깨끗한 마음'이다. 줄기를 약재로 쓸 수 있다.

나팔꽃

여름 아침
나팔꽃은 기상나팔을 분다.
해님도 그 소리에 벌떡 일어났다.

늦잠꾸러기 아기도 일어나라고
뚜 뚜 뚜 뚜 나팔을 분다.

참새도 사슴도 그 소리에 놀라
깜짝 일어나는 나팔소리
어른들은 잘 모르는 그 소리.

꽃말 : 덧없는 사랑. 태양을 부끄러워하는 바람둥이 꽃

원예용으로 많이 심고 있으며 원줄기는 표면에 털이 있고 다른 물체를 왼쪽으로 감아 올라가는 덩굴성 식물이다. 줄기는 약간의 가지를 치면서 2~3m 정도 자란다. 잎은 어긋나고 심장모양이며 대개 3으로 갈라지고 가장자리는 밋밋하며 표면에 털이 있다.
꽃봉오리는 붓끝모양으로 오른쪽으로 말려있다. 꽃은 잎겨드랑이에서 나오고 7~8월에 핀다. 꽃의 색깔은 흰색, 붉은색, 보라색 등이 있고 지름 10~20cm로 깔때기 모양이기 때문에 통꽃의 설명자료로 이용한다. 꽃받침은 5개로 깊게 갈라지고 암술1개 수술은 5개이다. 씨는 꽃받침 속에 들어 있으며 3실에 각각 2개의 씨가 들어있다.
꽃은 해가 진후 꽃망울이 열리기 시작하여 새벽에 핀 후 다음날 오전에 시든다.

노란 코스모스

샛노란 코스모스 길가에 활짝 피어
지나는 차들에게 산들산들 손 흔드네
초록 산 초록 들판 초록빛 시냇물에
소년의 순결한 얼굴이 웃고 있어요.

샛노란 코스모스 들판에 활짝 피어
지나는 바람에게 고향소식 전해주네
푸른 산 푸른 하늘 푸른빛 저 들판
올해도 풍년들었다고 알려주네요.

꽃말 : 야성미

1년생 초본으로 종자로 번식하고 멕시코가 원산지인 관상식물이다. 길가에 재배하거나 야생으로 자란다. 원줄기는 높이 1~2m 정도이고 털이 없으며 가지가 많이 갈라진다. 마주나는 경생엽은 잎몸이 2회 우상으로 갈라지고 열편은 피침형 또는 선형으로 잎줄기와 너비가 비슷하다. 8~10월에 1개씩 달리는 두상화는 지름 4~8cm 정도의 연한 홍색, 백색, 연한 분홍색 등의 여러 가지 색깔이 있다. 수과는 털이 없고 끝이 부리같이 길어 반달 같다.

노루발꽃

노루가 지나는 곳마다
노루발꽃이 피었다.

착한 노루 지나갈 때마다
산이 발자국 표시를 했다.

하얀 꽃송이 송이
예쁜 발자국

꽃말 : 소녀의 기도

한국, 중국, 일본에 분포한다. • 제주, 울릉도, 전남(지리산, 완도), 전북(덕유산), 경남, 경북, 충북, 강원, 경기(광릉) 등에 야생한다. 상록 다년생 초본 높이 26cm내외 잎은 1-8개가 밑부분에서 모여나기하고 원형 또는 넓은 타원형이며 길이 4-7cm, 넓이 2.5-4.5cm이고 둔두 둔저이며 흔히 엽병과 더불어 자줏빛이 돌고 표면은 엽맥부가 연한 녹색이며 가장자리에는 낮은 톱니가 약간 있고 엽병은 길이 3-8cm이다.
꽃대는 길이 10-25cm로서 능선이 있고 1-2개의 인엽이 있으며 7월에 꽃대는 길이 15-30cm로서 능선이 있으며 1-2개의 인엽이 달리고 윗부분에 2-12개의 꽃이 총상으로 달리며 꽃은 지름 12-15mm로서 백색이다. 포는 선상 피침형이고 끝이 뾰족하며 길이 5-8mm로서 꽃자루보다 길거나 같다.

노루오줌꽃

노루 오줌 받아먹고
피어난 꽃인가?

노루가 지나다
찔끔찔끔 싼 오줌.

분홍 오줌 받아 먹고
분홍꽃이 되다니.
아유, 지린내! 부끄러워!

꽃말 : 기약 없는 사랑, 붉은 설화, 정열, 연정

범의귀과에 속하는 다년생초.
산이나 들의 냇가 또는 물기가 많은 곳에서 자란다. 잎은 3~5개의 잔잎으로 이루어져 있으며, 잔잎의 가장자리는 아주 잔 톱니 모양이다. 꽃은 7~8월에 홍자색으로 피는데 원추 꽃차례로 무리지어 핀다.

능소화

고요의 나라 아침부터
골목 담벼락에 붉게 피는 꽃

임금님을 사랑한 궁녀 소화
일편단심 기다리다 기다리다
영혼이 되살아난 슬픈 전설의 꽃

두 쌍의 수술이 머리 조아리며
암술을 위아래로 감싸고
붉게 타오르는 꽃

오늘도 담장 타고 올라가
목 빠지게 임금님 기다린다.

꽃말 : 여성, 명예

중국 원산으로 우리나라 전역에서 심어 기르는 덩굴나무이다. 길이는 8-10m쯤이며, 곳곳에서 공기뿌리가 나와 다른 물체를 붙잡고 줄기는 덩굴진다. 잎은 마주나며, 작은잎 5-9장으로 된 깃꼴겹잎으로 길이 10-20cm이다. 작은잎은 난형 또는 난상 피침형, 길이 3-6cm, 폭 1.5-3.0cm, 가장자리에 고르지 않은 톱니가 있다. 꽃은 7-8월에 피며 새로 난 가지 끝에 원추꽃차례로 달리고 지름 6-7cm, 노란빛이 도는 붉은색이다. 열매는 삭과이며, 기둥 모양, 2개로 갈라지고 9-10월에 익는다. 민가 주변에 관상용으로 식재하며, 꽃은 약용으로 쓴다.
덩굴나무이다. 길이는 8-10m쯤이며, 곳곳에서 공기뿌리가 나와 다른 물체를 붙잡고 줄기는 덩굴진다.

다정큼나무

다정스러움도 크고 작은게 있나 봐
정이 많으면 다정이라
소곤소곤 이야기를 나누는
나무

사랑은 베풀수록 좋은 것
아주 아주 다정해서
더 향기롭고 다정하네.

꽃말 : 친밀

장미과에 속하는 상록관목. 대만과 일본, 한국이 원산지이다. 남쪽 지방 바닷가 모래땅에서 서식하고, 이 밖에 반그늘과 해가 비추는 곳에서도 잘 자란다. 크기는 약 1~4m이다. 꽃은 5월에 피고, 열매는 10월에 익는다. 껍질에서 염료를 추출하며, 관상수로도 활용된다.
쌍떡잎식물강 장미목 장미과에 속하는 속씨식물. 학명은 'Raphiolepis umbellata'이다. '다정큼나무'라는 이름은 한 나무에 꽃과 열매가 옹기종기 모여 난다고 해서 붙여졌다.
나무껍질에서 갈색 염료가 나와 사용할 수 있고, 조경수로도 활용된다. 민간에서는 잎과 가지, 뿌리를 타박상을 비롯한 통증에 사용했다.

달맞이꽃

달빛이 노오란 밤
달마중 나왔구나.

밤하늘 쳐다보는 내 눈동자에도
보름달 하나 떴다

달밤에 활짝 핀 달맞이꽃
날 샌 줄도 모르고 있다.
기다리며 밤새우는 사랑꽃

꽃말 : 기다림

2년생 초본으로 종자로 번식한다. 북아메리카가 원산지인 귀화식물로 전국적으로 분포하며 들에서 자란다. 뿌리는 굵고 곧게 자라며 원줄기는 높이 100~200cm 정도이고 가지가 갈라진다. 로제트형으로 나오는 근생엽과 어긋나는 경생엽은 타원상 피침형으로 가장자리에 얕은 톱니가 있다. 7~8월에 개화하며 원줄기와 가지 끝에 수상꽃차례로 피는 꽃은 황색이고 '긴잎달맞이꽃'보다 크다. 삭과는 4개로 갈라져서 많은 종자가 나오고 종자는 젖으면 점액이 생긴다. 관상용으로 심으며 사료로 이용하기도 한다. 봄에 근생엽은 무침이나 초무침, 조림으로 먹고 꽃잎은 말려서 차로 만들어 마신다. 꽃은 튀김, 데쳐서 초무침이나 국으로 먹는다.

담배꽃

이렇게 예쁜 꽃을 보고
싱글벙글 웃기만 하지

이렇게 진한 향기에 취해
덩실덩실 춤이나 추지

이렇게 예쁜 담배꽃이
해로운 담배가 되다니
꽃보다 나쁜 담뱃잎

꽃말 : 전설

잎은 어긋나며 길이 50cm 정도의 타원형으로서 끝이 뾰족하고 가장자리가 밋밋하다. 잎자루는 짧고 날개가 있으며 밑으로 흐른다. 꽃은 7~8월에 연한 홍색으로 피는데 원줄기 끝에 대롱처럼 속이 빈 통꽃이 큰 원추 꽃차례를 이루며 달린다. 작은 꽃가지의 길이는 10~35mm이다. 꽃받침은 원통 모양이고 길이는 작은 꽃가지와 비슷한데 샘털이 있으며 갈라진 5개의 조각은 댓잎피침형이다.
열매는 9~10월에 달걀 모양의 삭과가 달려 익는데 꽃받침으로 싸여 있으며 많은 씨(열매 1개에 약 2,000개)가 들어 있다. 잎은 니코틴을 함유한다. 충북 지방이 산지로 유명하다. 기호용(담배) · 공업용 · 약용으로 이용된다. 약으로 쓸 때는 탕으로 하여 사용한다. 외상에는 달인 물로 씻는다.

딸기

하얀 별꽃이 진 자리에
조롱조롱 연두빛 열매

새빨간 딸기 입에 넣으면
달콤한 꿀물이 꼴깍

며칠 사이 빨간 딸기 되었네
햇님은 정말 재주도 좋아

땅 속에서 단물만
골라내 빨아올렸나봐

꽃말 : 예견, 행복한 가정

요약 장미목 장미과에 속하는 여러해살이풀. 북반구의 온대지역이 원산지이나 남반구에서도 널리 심고 있다. 다양한 토양과 환경에서 자랄 수 있다. 딸기는 수염뿌리가 나는데, 잎은 뿌리에서 나오며 가장자리에는 톱니가 있다. 꽃은 거의 흰색이지만 붉은 꽃이 피기도 하며, 가느다란 꽃자루 위에 여러 개가 모여서 핀다. 한 번 심고 나면 보통 1~4년간은 다른 개체로 바꿔 심지 않는다. 비타민 C가 풍부하며, 철분과 다른 무기물도 들어 있으며, 수확한 뒤 즉시 먹거나 냉동시킨다. 통조림·설탕절임·주스 등을 만들어 먹는다.

때죽나무

때때로 겸손하라고　　　죽도록 보고싶다고
때죽나무인가　　　　　　때죽나무인가

때때옷 입고 싶다고　　　때를 씻고, 마음도 맑게
때죽나무인가　　　　　　대나무처럼 살아야지요.

꽃말 : 겸손

한국, 일본, 대만; 황해도, 강원도, 경기도, 충청남도, 전라남북도, 제주도 등 주로 서해안에 분포.
낙엽 활엽 소교목. 잎은 어긋나기하며 달걀형 또는 긴 타원형이고 점첨두 또는 첨두 예형으로 길이와 폭이 각 2～8cm × 2～4cm로, 뒷면에 털이 있으나 나중에는 맥의 겨드랑이에만 남는다. 5～6월에 개화한다. 열매는 핵과로 난상 원형이며 길이 1.2～1.4cm로 껍질이 불규칙하게 갈라지고 회백색이며 9월에 성숙한다. 원뿌리와 곁뿌리가 있다. 토심이 깊은 사질양토로서 습기가 다소 있는 곳에서 잘 자라며, 내한성과 내조성, 각종 공해, 병충해에 강한편이나 건조에는 다소 약하다.

도깨비바늘

내 바지에 달라붙은 도깨비
내 방 까지 따라왔다.

도깨비야, 도깨비야,
온 김에 내 숙제 좀 해 주렴

도깨비야, 도깨비야,
내 동생 하나 태어났음 좋겠어.

도깨비야, 도깨비야,
내 소원 들어주면 흥분하지 않을게.

꽃말 : 흥분

도깨비바늘은 국화과에 딸린 한해살이풀이다. 응달이나 질퍽질퍽한 곳에서 잘 자라며, 키는 25~85cm이다. 잎은 깃 모양으로 깊이 갈라져 있으며, 마주나기로 난다. 꽃은 8~9월에 줄기 끝이나 잎겨드랑이에서 긴 꽃줄기가 나와 노랗게 핀다. 씨는 길이 2cm가량의 가시 모양이며, 끝에 갈고리 모양의 털이 있어 다른 물체나 동물의 몸에 잘 붙는다. 이렇게 하여 씨를 퍼뜨린다. 우리나라 · 일본 · 중국 · 인도 · 오스트레일리아 · 아프리카 등지에 널리 분포한다.

도라지꽃

옛날 옛날 깊은 산 속 절에
예쁜 처녀스님 살았대요.

과거보러 서울 가던 청년
처녀스님은 서로 사랑을 느꼈대요
"과거 급제하고 돌아오면 결혼해요"

청년과 헤어진 스님, 기다리고 기다렸대요.

"돌아보지 마라, 지난 과거를 잊어버려라"
큰 스님 말씀도 잊은채 기다렸대요.

오랜 오랜 세월 흐른 어느 날,
"얼마나 기다렸소. 보고 싶었소"
기다리던 청년의 목소리에

깜짝 놀라 돌아본 스님,
금방 도라지꽃 되었대요.
돌아보지 말랬는데 돌아보았다고
깊은 산 절 뒷산에
스님 옷 닮은 보라색 꽃 되었대요.

꽃말 : 영원한 사랑

꽃은 7~8월에 흰색 또는 보라색으로 위나 옆을 향하여 피고 끝이 펴진 종 모양으로 보이고 지름 4~5cm이며 끝이 5개로 갈라진다. 꽃받침도 5개로 갈라지고 그 갈래는 바소꼴이다. 꽃이 피기 전에 꽃봉오리는 풍선처럼 공기가 들어 있다. 열매는 달걀 모양이고 꽃받침조각이 달린 채로 노랗게 익는다. 종번식은 씨앗으로 잘되지만 보통 2년 이상 묵어야 뿌리채소로 먹을 수 있고 봄 · 가을에 뿌리를 채취하여 날것으로 먹거나 나물로 먹는다. 도라지의 주요 성분은 사포닌이다. 열매 꼬투리채로 채종하여 잘 말려서 바수면 까맣고 작은 씨앗을 얻을 수 있고 밭에 흩어뿌린다음 자라면 속아내기를 해주고 거름을 많이 주어서 기른다.

돈나무

돈을 좋아하는 나무인가 돈 돈 돈 돈
돈을 너무 좋아하다 쌓아놓기만 하면
돌아버린 나무인가. 돌 돌 돌이라 불러야지요.

돈 돈 돈 돈
돌아다녀야 돈이래요.

꽃말 : 편애

돈나무는 우리나라 남부와 제주도, 일본, 타이완, 중국 남부 일부에 걸쳐 자라는 자그마한 늘푸른 동양 나무다. 다 자라도 키가 3~4미터에 불과하고, 지름이 한 뼘 정도면 아주 굵은 나무에 속한다. 바닷가의 절벽에 붙어 바람에 실려 넘쳐오는 바닷물을 온몸에 뒤집어쓰고도 끄떡없다. 웬만한 가뭄에는 버틸 수 있는 강인한 체력까지 타고났다. 또 몸체의 여기저기서 가지를 잘 내밀어 자연 상태 그대로 두어도 모양새가 아름답다. 조금만 손을 봐주면 더욱 예쁜 몸매를 자랑하므로 정원이나 공원에 심기 적합하다.

등나무꽃

"우리 둘 사이 언제까지나
 등 돌리고 살지말자"
손가락 걸고 약속 했었지.

"옥이야,
너와 나 등받이처럼
따스하게 서로 받쳐주고 살자"

그 약속 지키라고
등꽃이 활짝 피었다.

꽃말 : 사랑에 취함

계절의 여왕 5월에 들어서면 쉼터 여기저기에서 연보랏빛의 아름다운 꽃이 수없이 주렁주렁 매달려 있는 등나무가 먼저 눈에 들어온다. 오른쪽 감기가 전문인 등나무는 아까시나무 비슷한 짙푸른 잎을 잔뜩 펼쳐 한여름의 뙤약볕을 피할 수 있는 그늘을 만들어준다. 이어서 열리는 보드라운 털로 덮인 콩꼬투리 모양의 열매는 너무 짙푸른 등나무 잎사귀의 느낌을 부드럽게 해준다. 콩과 식물이라 거름기 없이도 크게 투정부리지 않고 아무 데서나 잘 자라는 것도 등나무가 사랑받는 이유 중 하나다. 이렇게 등나무는 예쁜 꽃으로 즐겁게 하며 쉼터의 단골손님으로 친숙한 나무다

등대꽃

밤 바다 비추는 등대불을 보고
길 잃은 배들이 찾아온다는데

너는 밤중에 길 잃은
노루 토끼 산새들을 위해
등 하나 들고 서 있어봤니?

길 잃은 사람들을 위해
연등 밝혀주는 부처님처럼
서 있어봤니?

꽃말 : 이루고 싶은 사랑, 사랑의 방해

일본 원산으로 관상용으로 심어 기르는 낙엽 떨기나무이다. 높이 4-5m, 줄기는 가지가 돌려나며 비스듬히 퍼진다. 잎은 가지 끝에서 마주나고, 타원형 또는 도란형으로 길이 3-7cm, 폭 1.5-3.5cm, 양끝은 좁고 가장자리에 잔 톱니가 있다. 꽃은 6-7월에 가지 끝에 난 총상꽃차례에 5-15개가 달리고, 붉은색이다. 화관은 종 모양으로 가장자리가 얕게 갈라지고, 겉에 붉은색 줄이 있다. 열매는 삭과, 난형 또는 긴 타원형, 길이 5-7mm, 위를 향한다.

접시를 씻는다

접시꽃밭에 비가 내린다.
하늘이 접시를 씻는다.

그 접시에 해를 담고
달빛과 별빛도 담고
벌과 나비를 초대하려면
접시가 깨끗해야지

하늘이 보슬보슬
접시를 씻어준다.

꽃말 : 단순한 사랑, 편안, 풍요, 다산

중국이 원산지인 아욱과의 여러해살이풀. 원줄기의 높이는 2.5미터에 이르고 털이 있으며 잎은 어긋나고 심장형이다. 가장자리가 5~7개로 갈라지고 톱니가 있으며 여름에 접시 모양의 크고 납작한 흰색, 빨강, 자줏빛 꽃이 잎겨드랑이에 긴 총상(總狀) 꽃차례로 달린다. 관상용으로도 심고 뿌리는 약재로 쓰기도 한다. 학명은 Althaea rosea이다.

제4부

울산대공원의 풍차

만병초

병이란 병은 다 고친다는
신기하고 고마운 만병초

우리 할머니 허리병 고쳐주고
공주병 왕자병도 고쳐주고

내 동생 컴퓨터 게임 중독병
남 해코지하는 아이들 병
만병통치로 고쳤으면...

꽃말 : 위엄, 존엄

요약 진달랫과에 속하는 상록 활엽 관목. 원산지는 대한민국과 일본이다. 반 그늘진 곳 또는 그늘진 곳, 특히 공기 중에 습기가 많은 곳에서 잘 자란다. 키는 4m 정도 자라며 줄기는 갈색이다. 잎은 어긋나며, 나무껍질은 잿빛이 섞인 흰색이다. 꽃은 7월에 피고 열매는 삭과로 9월에 익는다. 추위에 잘 견디지만 생장속도가 느리고 공해에 약하다. 잎은 약재로 쓰인다.

만수국 아재비꽃

만수국이란 아이가
"아재요, 아재요"
부르는 꽃이란다.

고약한 냄새 풍기는 만수가
"아재요, 사탕 하나 사 줘요"
졸라대다 혼이 나는 꽃

꽃말 : 사랑 받고 싶어요

열대아메리카와유럽,아시아 등지에 분포. 국내에서는 제주도, 남부에 야생 상태로 난다. 1년생초본이다. 키 20-80cm이다. 잎은 깃모양겹잎으로 5-15장의 작은잎으로 되어 있고, 작은잎은 선상 피침형으로 끝이 뾰족하거나 둔하다. 잎 가장자리에 규칙적인 톱니가 있고, 반투명의 선점이 있다. 머리모양꽃차례는 가지 끝에 모여 붙고, 총포조각은 길이 0.8-14mm, 폭 2-3mm, 황록색의 통형이다. 선단부는 얕게 5갈래로 갈라지고, 갈색의 선이 산재한다. 혀꽃은 2-3송이이고 설상부는 거꿀달걀모양이고 황색으로 선단부가 얕게 2갈래로 갈라진다. 관상화는 3-5송이이고, 관모는 비늘 모양으로 여러 조각이 있는데 1-2개는 가시 모양이다. 열매 수과(瘦果)는 선형으로 길이 6.5-7mm, 흑갈색, 가는 털이 있고 자상 관모(刺狀 冠毛)가 있다.

매발톱꽃

매는 발톱이 꽃처럼 예쁠까!
이 발톱으로 사냥 할 수 있을까!

매발톱이 얼마나 날카로운데
얼마나 무서운데…

장난감 같은 발톱으로
벌이나 나비도 못 잡겠다.

꽃말 : 보라색 버림받은 애인, 우둔, 염려

자생화 중 매발톱꽃만큼 화단, 공원, 길가에 많이 식재되는 종도 드물다. 그만큼 우리랑 친숙하다. 꽃말을 보면 재미있다. 얼마나 바람끼가 심하면 애인으로부터 버림 받을까?. 이 식물의 수정양식을 보면 그럴만하다. 자기꽃가루보다는 다른 개체의 꽃가루를 훨씬 좋아하기 때문이다. 다 나름대로 전략이 있기야 하겠지만 사람 잣대로 보면 비난받을만 하다. 매발톱꽃은 꽃이 크고 특이하면서도 참 아름답다. 꽃색과 모양이 다양하며 최근에는 원예종도 나와 있어 매발톱꽃 만으로도 정원을 다양하게 꾸며볼 수 있다. 한번 잘 심어두면 씨앗이 떨어져 나와 금방 포기를 이루므로 쉽게 화단을 조성할 수 있다. 종류가 다양하니 정원에 다양한 종을 심어 꽃을 피운 뒤 거기서 씨앗을 받아 뿌려가면서 괜찮은 것을 선발하여 영양번식으로 늘려가면 품종으로 등록도 할수 있어 취미육종 재료로도 훌륭하다. 매발톱꽃은 번식력이 강하다. 습해나 추위에도 강하며 더위에는 약한 편이다. 씨앗이 떨어져 싹이 잘 나오며 다음해 꽃을 피운다.

말똥비름

어젯밤 하늘에서
별똥별이 셀 수도 없이 떨어지더니

제주도 말 목장에
다 떨어졌구나.

말똥 먹고 노오란
별꽃으로 피어난 아침

꽃말 : 젊은 시절의 고뇌

 잎이 주걱모양이다. 줄기와 잎의 사이에 살눈이 있어요. 2쌍으로 말의 똥 같다. 꽃이 피고 꽃대가 큰 것에 있어요. 살눈이 옆으로 누우면서 뿌리가 내려져서 번식한다.
줄기나 잎에 상처가 났을때 어린 아이의 똥처럼 샛노란색의 즙이 나오는 애기똥풀 은 결실을 준비하고 있다.

메꽃

우거진 잡초밭에서
새아씨처럼 수줍게 피는 꽃

논둑 밭둑 어디서나
분홍색 나팔꽃 흉내내는 꽃

밝음이 좋아 낮에 피었다가
어둔 밤에 꽃송이 접는
부끄럼쟁이

꽃말 : 서서히 깊숙이 들어가다

다년생 초본의 덩굴식물로 땅속줄기로 번식한다. 전국적으로 분포하며 들과 밭에서 자란다. 땅속줄기의 마디에서 발생한 줄기는 길이 50~100cm 정도의 덩굴로 다른 물체를 감아 올라가거나 서로 엉킨다. 어긋나는 잎은 잎자루가 길고 잎몸은 길이 6~12cm, 너비 2~7cm 정도의 긴 타원상 피침형으로 밑부분이 뾰족하다. 6~8월에 피는 꽃은 깔때기 모양이고 연한 홍색이며 보통 열매를 맺지 않으나 결실하는 경우도 있다. '큰메꽃'과 달리 잎이 좁은 장타원형으로 둔두이며 측편이 갈라지지 않으며 포는 둔두 또는 요두이다. 여름 밭작물 포장에서 문제잡초이다. 땅속줄기와 어린순은 식용과 사료용으로 이용하며 관상용으로 심기도 한다. 봄여름에 연한 잎과 줄기를 삶아 나물로 먹으며 튀김이나 볶음, 데쳐서 무침으로 먹기도 한다.

매화꽃

먼 산엔 아직 눈이 녹지 않았는데
봄이 왔다고 먼저 알려주러

한 겨울 어디 숨었다가
이렇게 빨간 볼웃음 달고 나왔니?

매화꽃 피면 우리 아기도
방글방글 웃으며 걸음마 하겠지.

꽃말 : 고결, 인내, 기품, 맑은 마음

집 근처에 심어 기르는 낙엽 작은키나무이다. 높이 5m쯤이며 잔가지는 녹색이다. 잎은 어긋나며 난형 또는 넓은 난형이다. 꽃은 2-4월에 흰색 또는 분홍색으로 피며 향기가 강하다. 꽃받침잎은 둥글다. 꽃잎은 도란형이고 털이 없다. 수술은 많고 꽃잎보다 짧다. 씨방에 털이 밀생한다. 열매는 핵과이고 둥글며 부드러운 털로 덮여 있고, 6-7월에 녹색에서 노란색으로 익는다. 우리나라 중부 이남에 식재한다. 중국 원산이다. 관상용으로 심으며 열매는 식용, 약용한다.

며느리 밑씻개꽃

정말 며느리가 미워서
이 꽃으로 씻으라 했을까!

아니 아니 아닐거야
가시 달린 줄기로 닦으라니!

시어머니 진짜 마음은
예쁜 꽃잎과 향기로
살 살 살 문질러라 했을거야.

효부 며느리님,
시어머니 등 가려울 때
가시 달린 줄기로 긁어 드리라고
시어미 등끌개꽃이라 하지.

꽃말 : 시샘, 질투

들에서 흔히 자라는 잡초이다. 가지가 많이 갈라지면서 잎줄기가 1~2m 뻗어가고 붉은빛이 돌며 네모진 줄기와 더불어 갈고리 같은 가시가 있어 다른 물체에 잘 붙어 물체를 타고 오르는데 유리하다. 잎은 어긋나고 삼각형으로 가장자리가 밋밋하며 잎 같은 턱잎이 있다. 열매는 둥글지만 다소 세모지고 흑색이며 대부분 꽃받침으로 싸여 있다. 어린 순을 나물로 먹는다. 한국 · 일본 · 중국에서 자라고 열매가 성숙되면 검게 변한다. 얼핏 보면 곰팡이가 핀 것 같이 보인다. 줄기에는 온통 가시가 나 있어서 기는 줄기로 뻗어 나가기에 알맞은 환경적응을 하고 있다.
사람의 피부에 닿으면 생채기가 나고 쓰라린 고통을 준다. 조심해야 한다.

며느리배꼽꽃

이렇게 예쁜 배꼽
누가 누가 본 적 있니?

며느리배꼽 예쁘다고
시샘할 시어머니 있니?

배꼽이 예쁘면 맘씨도 예쁘대
며느리가 예쁘면
시어머니도 예쁘다니까.

꽃말 : 영원히 변치않는 사랑

한국, 중국, 일본, 동남아, 러시아 극동부에 분포한다.
덩굴성 한해살이풀이다. 길이 2m정도 자란다. 잎은 어긋나기하고 긴 엽병이 잎 밑에서 약간 올라 붙어 있어 배꼽이라는 이름이 생겼으며 삼각형이고 끝이 뾰족하며 밑부분이 절저 또는 얕은 심장저이고 길이 3-6cm, 폭 3-8cm로서 가장자리가 물결모양이며 표면은 녹색이고 뒷면은 흰빛이 돌며 잎맥 위에 거슬러 난 잔 가시가 있다. 탁엽은 잎모양으로 푸르고 지름 2-3cm의 둥굴고 얕은 깔때기모양꽃부리이며 줄기를 감싼다.
꽃은 7-9월에 피며 줄기와 가지 꼭대기나 잎겨드랑이의 짧은 이삭꽃차례에 달리고 꽃차례는 길이 1-2cm로서 밑부분을 접시같이 생긴 엽상포가 받치고 있다. 꽃받침은 연한 녹색이 돌며 길이 3-4mm 로서 5개로 갈라지고 꽃잎은 없으며 수술은 8개로서 꽃받침보다 짧다. 씨방은 둥글고 3개의 암술대가 있다.

모과꽃

겉모양 울퉁불퉁하다고
못난이라 하지마

예쁜지 못난인지
벌 나비에게 물어봐

모과 속에 숨어있는
향기 한 번 맡아 봐

향긋한 모과 냄새
꽃처럼 예쁜 모습 알고나면
그런 말 못 할 거야

꽃말 : 평범

모과나무에 달리는 참외 비슷한 열매라 하여 목과(木瓜) 또는 목과(木果)라 쓰기도 한다. 산미가 강하고 단단하며 향기가 강한 열매로, 가을에 노랗게 익는다. 과육을 꿀에 재워서 정과를 만들어 먹기도 하고, 과실주 또는 차로 끓여 먹기도 한다. 특히, 한방에서는 서근(舒筋)·청간(淸肝)·화위(和胃)·제습(除濕)·조혈(造血)의 효능이 있다고 하여 약용한다. 약성은 온(溫)하고 산(酸)하여 신경통·근육통·습비통(濕痺痛)·각기(脚氣)·수종(水腫)·해수(咳嗽)·빈혈(貧血) 등에 치료효과가 높다. 민간에서는 감기에 차로 끓여 마신다. 모과차는 모과를 얇게 저며 꿀이나 설탕에 재워 두었다가 끓는 물에 모과 두세 쪽과 항아리에 고인 즙을 타서 마신다.

모란이 피는 날

우리집 마당에 모란꽃 피는 날
우리집은 온통 잔치집

봄 햇살이 퍼지는 마당에는
모란처럼 활짝 웃는 아버지 어머니

긴 겨울 방안에서만 놀던 아기
벙글벙글 웃으며 문 밖 나오는 날

꽃말 : 부귀, 왕자의 품격

관상용으로 심어 기르는 낙엽 떨기나무이다. 줄기는 가지가 갈라지고, 높이 1-2m이다. 잎은 어긋나며, 2번 3갈래로 갈라진 겹잎이다. 중앙의 작은잎은 넓은 난형. 3갈래로 얕게 갈라지고, 길이 7-8cm, 폭 5-7cm이다. 잎 앞면은 녹색, 뒷면은 연한 녹색이다. 꽃은 5월에 가지 끝에 1개씩 피며 지름 10-20cm, 흰색, 붉은색 등 여러 가지 색이다. 꽃싸개잎은 5장, 긴 타원형이다. 꽃받침잎은 5장, 녹색이다. 꽃잎은 5장 또는 그 이상이고 수술은 많다. 뿌리껍질을 약으로 쓴다. 중국 원산이다.

목련꽃

파란 하늘 아래
수 백마리 새하얀 학춤

미움도 질투도 없는
수천 마리 하얀 학들의 춤

가지마다 앉아서 노래부르네
"우리는 한 겨레 백의민족!"

꽃말 : 자연에의 사랑

목련(木蓮)은 '연꽃처럼 생긴 아름다운 꽃이 나무에 달린다'라는 뜻이다. 목련은 봄기운이 살짝 대지에 퍼져나갈 즈음인 3월 중하순경, 잎이 나오기 전의 메말라 보이는 가지에 눈부시게 새하얗고 커다란 꽃을 피운다. 좁고 기다란 여섯 장의 꽃잎이 뒤로 젖혀질 만큼 활짝 핀다. 꽃의 가운데에는 많은 수술과 각각 따로 떨어져 있는 여러 개의 암술이 있다. 이런 모습을 두고 식물학자들은 원시적인 꽃의 구조를 가지고 있는 원시식물이라고 말한다. 지금으로부터 1억 4천만 년 전. 넓은잎나무들이 지구상에 첫 모습을 보이기 시작할 때 나타났으니 원시란 접두어가 붙을 만하다. 가지 꼭대기에 한 개씩 커다란 꽃을 피우는 고고함으로나 순백의 색깔로나 높은 품격이 돋보이는 꽃이다.

목화

해마다 가을이 오면
목화꽃 핀다.
꽃송이는 우리 어머니 얼굴

열매 익으면
새하얀 솜송이
어머니 흰 치마 가득하다.

어머니 곱던 얼굴은
씨앗 속에 숨기고
따스한 햇볕, 솜 가득 채웠다.

꽃말 : 어머니의 사랑

아욱목 아욱과에 속하는 비식용 농작물. 원산지는 열대지방이다. 보통 온대지역에서는 1년생 관목으로 재배되지만, 열대지역에서는 다년생 교목으로 자란다. 재배되는 관목은 6~7개월의 생장기간 동안 키가 1~2m까지 자란다. 심은 지 80~100일 내에 식물체는 흰색 꽃을 피우는데, 이 꽃은 불그스레한 색으로 변한다. 세계적으로 중요한 농작물 중의 하나인 목화는 비교적 값싼 면제품을 만들며, 생산량이 매우 많고 경제적인 직물이다. 한국에는 고려시대 문익점이 원나라에서 씨앗을 숨겨온 다음부터 재배되기 시작한 것으로 알려져 있다.

무궁화

다함도 궁함도 없다는 말
무궁 무궁 무궁이라네.

진딧물이 짓궂게 달려들어도
끄떡없이 참고 물리치네.

며칠 동안 피었다 지는 꽃 보란듯
여름 내 피고 피고 또 피네.

무궁 무궁 발전하는 우리나라
자랑스런 대한민국 얼굴이라네.

재롱 떨고 있는 꽃들 옆에서
우아하고 은근하게 피어나네.

꽃말 : 섬세한 아름다움

우리나라의 국화인 무궁화는 여름 내내 이어 피기를 계속하는 꽃의 특성처럼 끊임없는 외침을 받아 온갖 수난을 겪으면서도 5천 년 역사를 이어온 배달민족을 상징하는 꽃이다.
대한민국 정부가 수립되면서 나라를 상징하는 꽃으로 무궁화가 선택되었다. 국기봉이 무궁화의 꽃봉오리 형상으로 만들어졌고, 정부와 국회 포장이 무궁화 꽃 도안으로 채택되어 오늘에 이른다. 1963년부터는 무궁화를 감싸고 있는 한 쌍의 봉황새 무늬를 대통령 휘장으로 쓰고 있다. 그러나 한국동란이 끝나고 얼마 지나지 않은 1956년에 화훼연구가 조동화 씨와 식물학자 이민재 씨가 나라꽃으로서 무궁화의 부적격성을 당시 일간지에 지적하기도 했다.
《산해경》의 기록대로라면 당시는 삼한시대일 것이고, 또 최치원이 국서를 보낸 시기를 따져보면 적어도 1천 년 이전부터 이 땅에 무궁화가 자랐던 것으로 추정된다.

무릇꽃

무릇,
노력 없이 성공하길 바라지 말게나!

헤아려 생각하건대
슬퍼하기만 해선 안 된다네!
용기 심어주는 꽃

용서하고 사랑하며 살게나!
무릇, 그렇게 가르쳐 주는 꽃

꽃말 : 일편단심

뿌리에서 봄과 가을 두 차례에 걸쳐 나오는데 보통 2개씩 마주난다.
야자고(野茨菰)·전도초(剪刀草)·흥거(興渠)라고도 한다. 땅 속에 길이 2~3cm 정도인 알처럼 둥근 비늘줄기가 있는데 쪽파를 연상시킨다. 뿌리는 비늘줄기 밑에서 수염뿌리 모양으로 나온다. 비늘줄기의 겉껍질은 흑갈색이며 파·마늘과도 비슷하다. 꽃줄기는 곧게 선다. 유사종으로 흰 꽃이 피는 것을 흰무릇이라 한다. 식용·약용으로 이용된다. 구황 식물의 하나이다. 어린잎은 나물로 먹고 비늘줄기는 예로부터 둥굴레·참쑥과 함께 고아서 간식용으로 물엿처럼 먹었다. 약으로 쓸 때는 탕으로 하거나 고제로 하여 사용한다. 주로 순환계·피부과 질환을 다스리고, 건강 생활에 유익하다.

물레나물

우리 할머니 그 옛날
무명실 물레 자으실 때

밥반찬 만든 나물인가
물레나물 먹으며 할머니 생각

하늘나라 가신 우리 할머니
노란 물레꽃처럼 그리운 얼굴

꽃말 : 추억

다년생 초본으로 근경이나 종자로 번식한다. 전국적으로 분포하며 산지나 들의 풀밭에서 자란다. 모여 나는 원줄기는 곧추 자라고 높이 80~160cm 정도로 약간의 가지가 갈라지며 밑부분은 연한 갈색이고 윗부분은 녹색이다. 마주나는 잎은 잎자루가 없이 원줄기를 마주 싸고 있으며 길이 5~10cm, 너비 1~2cm 정도의 피침형으로 가장자리가 밋밋하다. 봄 · 초여름에 연한 잎과 줄기를 삶아 나물로 먹으며 생식, 녹즙으로 먹는다. 데쳐서 고추장이나 된장, 간장에 무쳐 먹기도 한다. 쌍자엽식물(dicotyledon), 이판화(polypetalous flower), 다년생초본(perennial herb)

물봉선

하루종일 아무도 찾아오지 않고
쓰다듬고 칭찬해주는 이 없어도
산골짜기 풀숲에서 혼자 웃는 꽃

어쩌다 벌이 찾아와
"무섭지 않니?"
물어보고 갈 뿐

산골짜기 실개천이 좋아
떠날 수 없는 물봉선 아가씨

꽃말 : 나를 건드리지 말아요

1년생 초본으로 종자로 번식한다. 전국적으로 분포하며 산지나 들의 습지에서 자란다. 곧추 자라는 원줄기는 높이 50~100cm 정도로 가지가 많이 갈라지고 유연하며 마디가 튀어 나온다. 어긋나는 잎은 길이 6~15cm, 너비 3~7cm 정도의 넓은 피침형이고 가장자리에 예리한 톱니가 있다. 밑부분의 잎은 잎자루가 있으나 꽃차례의 잎은 잎자루가 없다. 8~9월에 개화하는 총상꽃차례에 피는 꽃은 홍자색이다. 열매는 길이 1~2cm 정도의 피침형으로 익으면 탄력적으로 터지면서 종자가 튀어 나온다. '노랑물봉선'에 비해 전체가 억세고 줄기는 홍색을 띠며 꽃은 홍자색이다. '봉선화'와 달리 꽃이 총상으로 달린다. 염료용, 관상용으로 심기도 한다.

물솜방망이꽃

물에 젖은 솜방망이
맞아도 하나도 안 아프겠다.

한 방 때려도 폭신폭신한
노란 솜방망이

잠꾸러기 우리 아기
물솜방망이로 혼내 줄까?

꽃말 : 안전합니다

물방망이나 솜방망이는 방망이 중에서도 별 볼일 없는 방망이를 말한다. 습기가 많은 곳에 자라고 흰 털이 솜처럼 많이 나 있어서 물솜방망이라는 이름을 얻은 이 꽃은 그 두 가지가 다 들어 있으니 맞아도 전혀 아플 것 같지가 않다. 하지만 긴 꽃가지 끝에 여러 개의 꽃이 달린 것을 보면 영락없이 노란 방망이다.

물솜방망이는 지리산 및 한라산과 같은 높은 지대에서 자라는 여러해살이풀로 키는 55~65cm 정도이다. 잎은 양면에 거미줄 같은 털이 있으며 가장자리가 밋밋하거나 불규칙한 톱니가 있다. 뿌리에서 생긴 잎은 꽃이 필 때까지 남아 있고 길이는 8~17cm, 폭은 0.6~1.8cm로 피침형이다. 줄기에는 거미줄 같은 털이 나 있다.

미모사

제발 제발 건드리지 말아요
부끄러우니까

제발 제발 건드리지 말아요
간지러우니까

건드리면 죽은척 오므렸다가
아무도 안 볼 때 되살아나지만

자꾸자꾸 건드리면
죽고 싶도록 화나요.

꽃말 : 민감, 섬세.부끄러움

1년 또는 다년생 초본으로 종자로 번식한다. 브라질이 원산지인 관상식물이다. 높이 20~40cm 정도로 가지가 갈라지며 잔털과 가시가 있다. 어긋나는 잎은 잎자루가 있고 2쌍의 우편이 장상으로 퍼져서 다시 우상으로 갈라진다. 소엽은 선형이고 가장자리가 밋밋하다. 7~8월에 개화하며 두상으로 달리는 꽃은 연한 홍색이다. 꼬투리는 마디가 있고 겉에 털이 있으며 3개의 종자가 들어 있다. 관상식물로 온실에 심는데 잎을 건드리면 곧 밑으로 처지고 좌우의 소엽이 오므라든다.
쌍자엽식물(dicotyledon), 이판화(polypetalous flower), 1년생 혹은 다년생초본(annual or perennial herb), 직립형식물(erect type), 재배되는(cultivated), 약용(medicinal), 관상용(ornamental plant)

미선나무

새하얀 꽃
향긋한 냄새
작은 선녀꽃

하얀 얼굴
착한 마음
미선이란 선녀나무

꽃말 : 선녀

 물푸레나무과 미선나무속에 속한 유일한 나무. 한국에서만 자생하는 고유종이다. 키는 1~2m 가량이며, 보라색의 가지는 밑으로 처진다. 종 모양의 흰색 꽃이 3~4월에 피고, 열매는 9월에 맺힌다. 충청북도 괴산군·영동군, 전라북도 부안군의 특산품으로 천연기념물 제147·220·221·364·370호로 지정되어 보호받고 있다.
양지 바르고, 물은 잘 빠지나 어느 정도 물기가 있는 곳에서 잘 자란다. 추위에도 견디며 줄기에서 쉽게 가지가 나와 꺾꽂이로도 쉽게 번식이 된다.

민들레꽃

고맙습니다.
시멘트 틈이라도 살게 해 준 은혜

빗물 먹고 햇볕 쬐게 해줘서
샛노란 꽃 피웠습니다.

짓밟혀서 아파도 울지 않습니다.
나비들이 앉아서 웃고 있습니다.

삶터 주신 분 고맙습니다
물과 햇볕 주신 분께 감사드립니다.

꽃말 : 행복, 불사신, 감사하는 마음

다년생 초본으로 근경이나 종자로 번식한다. 전국적으로 분포하며 들이나 길가에서 자라며 원줄기가 없다. 잎은 모여 나는 근생엽으로 길이 15~30cm 정도의 도피침상 선형으로 가장자리가 11~17개의 열편으로 깊게 갈라지고 털이 약간 있으며 톱니가 있다. 4~5월에 피는 두상화는 지름 4~6cm 정도로 옅은 황색이다. 수과는 길이 3~3.5mm, 지름 1.2~1.5mm 정도의 타원형으로 갈색이고 긴 관모는 백색이다. '흰민들레'와 달리 꽃이 황색이고 총포는 길이 12mm 정도이며 외편은 장타원상 피침형이고 내편의 중부 이상까지 닿으며 털이 많고 두화 밑에 털이 있다. 어릴 때에는 식용하며 밀원이나 관상용으로 이용한다. 식용으로 재배하며 연한 잎으로 쌈을 싸 먹거나 데쳐서 된장국을 끓여 먹고 생즙을 내어 마시며 꽃은 튀김이나 초무침으로 뿌리는 기름에 튀겨 먹는다. 전초로 김치를 만들어 먹기도 한다.

함박꽃

웃는 아이에게
화내는 사람 있을까?

빙그레 웃으면
나도 빙그레

네가 함박 웃으면
나도 함박 웃음

하하하하 함박꽃 보고
화를 내는 건 바보지

꽃말 : 수줍음

작약이라고도 불린다. 산지에서 여러해살이풀로 다양한 종류의 꽃이 핀다. 작약은 꽃이 크고 탐스러워 함박꽃이라고도 불린다. 꽃잎이 여러겹인 작약꽃은 5월~6월에 줄기 끝에 1개가 피고 뿌리는 약용으로 이용한다.

제5부

백두산의 봄 여름

바람꽃

언덕배기 지나는 바람의 소매 잡고
"나, 참 예쁘죠?"

"그래, 그래, 네가 젤 예뻐!"
송이송이 입 맞추고
온 몸 흔들며 춤추는 바람

바람만 알고있는 꽃의 사랑
꽃만 알고있는 바람의 사랑

꽃말 : 당신만이 볼 수 있어요

'덧없는 사랑. 바람의 딸'이라는 이름과 걸맞게 바람과 가까운 높은 곳에 보금자리가 있다. 우리나라 바람꽃 종류는 대부분 봄에 피지만 오늘의 바람꽃만은 유일하게 여름에 꽃을 피운다. 그러니 이 봄이 바람꽃에게는 새로운 잉태를 위한 준비기간일 듯 싶다.
 고산식물의 대부분이 고온에 약하듯이 바람꽃도 여름의 고온다습한 환경에 약하다. 대량으로 번식하려면 씨앗을 뿌려 묘로 키우는 것이 바람직한데, 평지에서는 곤란하며 고랭지에서 육묘해야 건강한 묘로 키울 수 있다.
 미나리아재비과의 여러해살이풀로써 중. 북부지역의 고산지대에 습도가 웬만큼 유지되는 곳에서 흔히 자생한다. 우리나라에 자생하는 종으로 평의바람꽃, 회리바람꽃, 홀아비바람꽃 등 15종류의 바람꽃이 있다.

바위솔꽃

산속 양지쪽 바위 틈
솔 솔 솔 피는 꽃

해마다 바위 틈을
솔 솔 솔
청소하는 꽃

바위 품속에 안겨
솔 솔 솔 피는 꽃

꽃말 : 가사, 근면

산과 바닷가 바위 곁이나 지붕 위에 자라는 여러해살이풀이다. 세계적으로는 일본과 러시아에 분포한다. 줄기는 꽃이 필 때 높이 10-40cm다. 뿌리잎은 로제트형으로 퍼지며, 끝이 딱딱해져서 가시처럼 된다. 줄기잎은 다닥다닥 달리며, 녹색이지만 종종 붉은빛을 띠고, 피침형, 잎자루는 없다. 꽃은 9-10월에 줄기 끝에서 총상꽃차례에 빽빽하게 달리며, 흰색이다. 꽃이 피고 나면 죽는다. 꽃싸개잎은 난형, 끝이 뾰족하다. 꽃자루는 없다. 꽃싸개잎은 피침형, 끝이 뾰족하다. 꽃받침 조각, 꽃잎, 암술은 각각 5개, 수술은 10개이다. 열매는 골돌이다. 돌나물식 유기산 대사(crassulacean acid metabolism, CAM)를 하는 식물이다.

박하

박하사탕 먹으며
연한 자주색
코를 찌르는 박하 향기

박하 잎 살금 씹으면
입 안 가득 환하게
내 머리 가득 환하게
퍼지는 냄새

꽃말 : 순진한 마음

꿀풀과에 속하는 다년생초. 전세계의 습기가 있는 돌밭에 서식한다. 크기는 60cm∼1m 정도이다. 낮은 위기의 멸종위기등급을 받았다. 쌍떡잎식물강 통화식물목 꿀풀과 박하속에 속하는 속씨식물. 학명은 'Mentha piperascens (Malinv.) Holmes'이다. 꽃은 한여름에서 늦여름 사이에 옅은 보라색으로 피며, 꽃말은 '순진한 마음'이다. 잎에 멘톨 성분이 들어 있어 치약이나 사탕 등을 만드는 데 쓰인다.

반하

뱀 세 마리가 기어가다
천남성 꽃이 되고파

혀를 날름거리는
꽃뱀이 되었네.

초록색 꽃뱀을 보고
"엄마야, 나 살려줘"
아기 개구리 혼쭐났네.

꽃말 : 일편단심, 비밀

반하(半夏)는 중국의 가장 오래된 약물서인 신농본초경에도 올라있고 한방에서 약재로 많이 사용하는 생약으로 알려져 있지만 기원식물은 별반 주목을 받지 못하고 있는 것 같다. 식물은 뭐니 뭐니 해도 꽃이 아름다워야 주목을 받는데 반하 꽃은 꽃의 아름다움과는 거리가 멀다. 반하 꽃을 처음 접하는 사람에게는 어떻게 이것을 꽃이라고 하는지 의문이 들 정도로 통상적인 꽃의 모습이 아닌 특이한 모양새다.

꽃은 일반적으로 꽃받침, 꽃잎, 수술, 암술 4가지 요소로 이루어져 있으며 이것을 완전화(完全花)라 한다. 하지만 4가지 중 어느 일부가 생략되거나 합쳐진 형태를 하고 있으면 불완전화라 한다.

방가지똥

강아지똥 모락모락
냄새나는 덩어리

방가지똥 방글방글
향기나는 노란 꽃송이

방가지똥이 강아지똥 먹고
이런 예쁜 꽃 피울줄은
아무도 몰랐지.

꽃말 : 정

1년 또는 2년생 초본으로 종자로 번식한다. 전국적으로 분포하며 길가나 빈터에서 자란다. 원줄기는 높이 60~120cm 정도로 가지가 갈라지고 둥글며 속이 비어 있다. 모여 나는 근생엽은 개화기에도 남아 있다. 어긋나는 경생엽은 길이 10~25cm, 너비 5~8cm 정도의 넓은 도피침형이나 우상으로 깊게 갈라지고 밑부분은 원줄기를 감싸고 가장자리에 치아상의 톱니가 있으며 톱니 끝은 바늘처럼 뾰족하다. 5~10월에 피는 두상화는 지름 1~2cm 정도이고 설상화로 구성되며 황색이다. 수과는 갈색이며 길이 3mm 정도의 타원형으로 3개의 능선과 백색 관모가 있다. '큰방가지똥'과 달리 잎이 줄기에 달리는 곳은 뾰족한 이저로 되며 잎가장자리 톱니 끝의 가시는 작으며 수과의 옆줄이 뚜렷하다. 여름 밭작물 포장에서 문제잡초가 된다. 사료용으로도 이용한다. 어린순을 삶아 나물로 먹는다.

배롱나무꽃

어떤 사람은
흰색 배롱나무꽃이
더 좋다고 하는데

모두 모두 흰색
칭찬하는데

나는 나는 그래도
분홍 꽃 배롱나무가
더 좋은데…

꽃말 : 수다스러움, 웅변, 꿈, 행복

요약 도금양목 부처꽃과에 속하는 낙엽활엽수. 키가 5m 정도 자란다. 수피는 홍자색을 띠고 매끄러우며, 잎은 마주나고 잎가장자리가 밋밋하며 잎자루가 없다. 붉은색의 꽃이 7~9월에 원추꽃차례를 이루어 피는데, 흰꽃이 피는 흰배롱나무도 있다. 배롱나무는 양지바른 곳을 좋아하며, 빨리 성장하고 가지를 많이 만들어 쉽게 키울 수 있지만 내한성이 약해 주로 충청남도 이남에서 자란다. 부산광역시 부산진구 양정동에 있는 배롱나무는 천연기념물 제168호로 지정되어 보호받고 있는데 800년 정도 된 것으로 추정된다.

배꽃

새하얀 배꽃 피었다
온 세상이 환해졌다.

꽃이 지고 난 자리에
달고 시원한 꿀 배 열리겠지.

은혜를 두 배, 세 배 갚으라고
배라는 이름 붙였을 거야.

부모님 은혜도 두 배 세 배
선생님 은혜도 두 배 세 배

꿀배 익으면 상자 가득
택배로 보내드려야지.

꽃말 : 위로, 위안, 온화한 애정

일본 원산으로 밭에서 심어 기르는 낙엽 활엽 큰키나무이다. 높이 7-10m, 가지는 어두운 적갈색이며 작은 가지가 가시로 변하기도 한다. 잎은 어긋나고, 끝이 점차 뾰족한 난형이며, 아래는 둥글다. 꽃은 4-5월에 흰색으로 피며, 짧은 가지 끝에서 5-10개가 모여 난다. 꽃받침조각은 삼각상 피침형이다. 꽃잎은 5장, 도란형, 가장자리에 얕은 물결 모양의 주름이 있다. 열매는 이과로 구형 또는 난형이며, 9-10월에 다갈색으로 익는다. 돌배나무에 비해 잎과 열매가 크고, 많은 재배품종이 있다.
낙엽 활엽 큰키나무이다. 줄기는 높이 7-10m이다. 가지는 어두운 적갈색이며 작은 가지가 가시로 변하기도 한다. 잎은 어긋나고, 끝이 점차 뾰족한 난형으로 길이 7-12cm, 폭 3.5-5.0cm이며, 아래는 둥글다. 가장자리는 뾰족한 톱니가 있고, 앞면은 진한 풀색이고 윤기가 난다. 꽃은 짧은 가지 끝에서 5-10개가 모여 난다. 꽃받침조각은 삼각상 피침형이다. 꽃잎은 5장, 도란형이고 가장자리에 얕은 물결 모양의 주름이 있다. 수술은 20개, 꽃밥은 보라색이다. 암술대는 5개이다. 열매는 이과로 구형 또는 난형이며, 다갈색으로 익는다.
꽃은 4-5월에 피고, 열매는 9-10월에 익는다.

백일홍

백일동안 정한수 떠놓고
기도하던 내 어머니

문 앞에서 하루같이
아들 기다리던 어머니

어머니 그 자리에
백일홍 붉게 피었네

꽃말 : 인연

멕시코 원산으로 관상용으로 심어 기르는 한해살이풀이다. 줄기는 곧추서며, 높이 30–90cm이다. 잎은 마주나며, 긴 난형으로 길이 4–6cm, 폭 3–5cm, 밑부분은 줄기를 감싼다. 잎 가장자리는 밋밋하며, 양면에 거친 털이 난다. 잎자루는 없다. 꽃은 6–10월에 줄기와 가지 끝에 머리모양꽃차례가 1개씩 달린다. 머리모양꽃차례 가장자리에 혀모양꽃이 달리고, 가운데에 관모양꽃이 달린다. 관모양꽃은 꽃부리 끝이 5갈래이며, 보통 노란색이다. 모인꽃싸개조각은 둥글고, 끝이 둔하며, 위쪽이 검은색이다. 열매는 수과이며, 털이 없다.

한해살이풀이다. 줄기는 곧추서며, 높이 30–90cm이다. 잎은 마주나며, 긴 난형으로 길이 4–6cm, 폭 3–5cm, 밑부분은 줄기를 감싼다. 잎 가장자리는 밋밋하며, 양면에 거친 털이 난다.

벌개미취

벌이 먼저 점 찍어 두었다길래
개미가 뒤늦게 제 꽃이라길래

벌이 침 한 대 놓을까 하다 참고
개미가 깨물어줄까 하는 사이

별처럼 반짝이며 피어나는 꽃
개미처럼 부지런히 피어나는 꽃

꽃말 : 청초, 너를 잊지않으리

여러해살이풀. 높이가 50-60cm이다. 근생엽은 꽃이 필때 없어진다. 잎은 어긋나기하고 피침형이며 끝이 뾰족하고 길이 12-19cm, 나비 1.5-3cm로서 밑부분이 점차 좁아져서 엽병처럼 되며 질이 딱딱하고 양면에 털이 거의 없으며 가장자리에 잔톱니가 있고 위로 갈수록 점차 작아져서 선형으로 되며 길이 4-5mm이다.

꽃은 6-10월에 피고 지름 4-5cm로서 연한 자주색이며 가지 끝과 원줄기 끝에 달리고 총포는 반구형이며 길이 13mm, 지름 8mm이다. 포편은 4줄로 배열되고 외편은 길이 4-5mm, 나비 1.5mm로서 긴 타원형이며 둔두이고 가장자리에 털이 있으며 혀꽃의 꽃부리는 길이 26mm, 나비 3.5-4mm이다.

열매수과는 길이 4mm, 너비 1.3mm정도로서 긴 타원형이고 털이 없으며 과모도 없다. 11월에 결실한다.

벌노랑이

아기벌이 갖고 노는
노랑 구슬 방울 장난감

방울소리 딸랑딸랑
노랑 아기 벌, 노래 부르지

귀여운 아기 벌 장난감
봄부터 여름까지 딸랑딸랑

꽃말 : 다시 만날 때까지

쌍떡잎식물강 장미목 콩과에 속하는 속씨식물. 학명은 'Lotus corniculatus var. japonica Regel'이다. 벌판에서 자라며 노란 꽃을 피운다고 해서 '벌노랑이'라는 이름이 붙었다. 이름에서 느껴지는 귀여움과 다르게 빠른 번식력과 질긴 성장력으로 인해 잡초로 취급되는 경우가 많다.
줄기는 길이 약 30~60㎝ 정도로 자라고, 잎은 3장의 잔잎으로 이루어져 있으며 약간 넓은 타원형이다. 너비가 약 2㎝인 꽃은 노란색으로 때로는 붉은색이 돌기도 하며, 5~10송이씩 무리 지어 핀다. 꽃잎은 다섯 장씩 모여 있는데, 색이 워낙 곱기 때문에 노란색 꽃의 경우 솜털 같은 병아리처럼 보이기도 한다.

범꼬리 꽃

호랑이 꼬리 범꼬리꽃
누가 이름 붙였을까!
늑대 사자 멧돼지도
갖고 싶은 꼬리

호랑이들이 몰려와
나도 나도 그 꼬리
달고 싶구나.

아기 범꼬리
이름 만큼 귀여운 꽃

꽃말 : 키다리

쌍떡잎식물강 마디풀목 마디풀과에 속하는 속씨식물. 학명은 'Bistorta manshuriensis (Petrov ex Kom.) Kom.'이다. 꽃이 핀 모습과 잎의 생김새, 뿌리의 형태 등이 모두 호랑이의 꼬리를 닮았다고 하여 '범꼬리'라는 이름이 붙었다. 크기는 약 30~80cm이다. 뿌리줄기가 매우 두껍고, 줄기는 길다. 뿌리에서 나오는 잎에는 긴 잎자루가 있으나, 줄기에 달리는 잎에는 잎자루가 없다. 줄기에 달리는 잎의 기부는 심장처럼 움푹 파이고 줄기를 감싼다. 잎가장자리는 밋밋하다. 흰색 또는 담홍색 꽃이 줄기 끝에 수상꽃차례(穗狀花序)1) 로 핀다. 꽃잎과 꽃받침잎은 구분이 안 되나 모두 다섯 장이 있다. 열매는 수과(瘦果)2) 로 익는다. 꽃은 5~7월에 핀다. 원산지는 중국과 한국이고, 주로 산골짜기 양지에 서식한다.

범부채꽃

호랑이들이 정말
이 부채로 부채질 할 수 있을까?

산들바람도 못 일으겠다.
예뻐서 갖고 놀기나 하겠다.

호랑이 부채 범부채
우리 아기 장난감 했으면 좋겠다.

꽃말 : 정성 어린 사랑

붓꽃과에 속하는 여러해살이풀. 원산지는 한국, 일본, 중국 등의 아시아이다. 전국의 산지나 바닷가에 널리 분포한다. 크기는 50~100cm로 자란다. 녹색 바탕에 분백색이 도는 잎은 어긋나기하고 좌우로 납작하며 부채살 모양으로 퍼져서 자란다. 타원형의 열매는 3cm 정도이고 씨는 검은색에 윤기가 난다. 흔히 관상용으로 뜰에 심으며, 배수가 잘 되고 모래가 섞인 점질토양에서 잘 자란다. 식재료로 사용할 때에는 뿌리줄기 등을 약재로 쓰는 것이 보편적이다.

뻐꾹나리

나리 나리 뻐꾹나리
뻐꾹 뻐꾹 나리님,

아름다운 금수강산
살기좋은 우리나라

나리님, 만들어줘요
뻐꾹 뻐꾹 울지만 말고

꽃말 : 영원히 당신의 것

요약 백합과에 속하는 다년생초. 꽃의 모양과 무늬가 뻐꾹새와 비슷하며 나리꽃과 유사하게 생겼다는 이유로 이런 이름이 붙었다. 일본, 중국에 분포하며 한국에서는 중부지역 이남의 숲속에 전국적으로 자생한다. 어린 순을 식용하며 약재로도 사용한다.

벚꽃

봄 밤, 봄바람 아래
펄 펄 펄 눈이 내린다.

하얗게 내리는 눈
지난 겨울 다 내린 줄 알았던 눈

봄밤, 봄바람 타고
철모르고 내린다.
펄 펄 펄 내린다.

꽃말 : 정신의 아름다움

개화기 : 03월 ~ 5월. 벚나무속 벚나무 종의 나무에서 피는 꽃. 대표적인 봄꽃으로 빠르면 3월 말부터 5월까지 흰색이나 분홍색 꽃이 핀다.
돌연변이가 흔하고 개량종이 많다. 자생종과 개량종을 포함하면 약 600여 종이 있는 것으로 알려졌다. 내한성이 강하고 적응력이 뛰어나 전국에 분포한다. 동아시아에서는 일본을 중심으로 관상 목적의 개량이 많이 이뤄졌다. 미국과 캐나다 등에서는 꽃보다는 체리 열매를 얻기 위해 개량을 진행했다.

병아리 난초

병아리처럼 조그만 몸통
노란 깃털 아기 난초

삐약 삐약 조그만 입 벌리고
엄마 엄마 찾는 꽃

엄마가 다 되어도
병아리 병아리라네.

꽃말 : 순수한 사랑

요약 난초과에 속하는 다년생초. 일본과 한국이 원산지이고, 산지에 서식한다. 잎이 줄기에 한 장만 달리는 것이 특징이다. 꽃은 홍자색으로 피며, 꽃말은 '순수한 사랑'이다. 크기는 8~20cm 정도이다. 유사종으로는 구름병아리난초가 있다.

보리밥나무

보릿고개 넘으면서
보리밥나무 빨간 열매 따먹었지.

보릿고개 배고팠던 시절
보리밥 한 그릇도 귀했던 시절

은백색 꽃 지고나면 빨간 보리둑
오도독 오도독 씹어먹으며
아리랑 아리랑 아라리오
보릿고개 넘어갔었지.

꽃말 : 결혼, 부부의 사랑, 해탈

용도 : 무침용, 생식용, 음료용, 약용 등
 보리수나무과에 속하는 상록덩굴식물. 한국과 대만, 일본이 원산지이다. 해발 600m 이하의 바닷가에 서식하며, 크기는 약 2~3m이다. 식재료로 사용할 때에는 열매를 먹는 것이 보편적이다. 효능으로는 천식 치료 등이 있다.

복수초

이른 봄 황금빛 꽃으로
들판에서 반기는 복수초

앙갚음 하는 대신
복 받고 오래 살라

환하게 웃어주면
행복이 찾아온대요.

꽃말 : 동양-영원한 행복, 서양 - 슬픈 추억

　미나리아재비과에 속하는 여러해살이풀. 아시아가 원산지로 산지나 숲 속에 분포한다. 뿌리줄기는 짧고 굵으며 흑갈색의 잔뿌리가 많아 수염뿌리처럼 보인다. 잎은 어긋나고 깃털처럼 갈라지며, 잎자루 밑에 녹색 턱잎이 있다. 이른 봄에 노란색 꽃이 피며 지름은 3~4cm 정도이다. 뿌리나 줄기 등에 아도니톡신이 들어 있어 한방에서 강심제 및 이뇨제로 사용된다. 북쪽지방에서는 눈 사이에 피어난 꽃을 볼 수 있어 눈색이꽃이라고도 부르며, 이른 봄에 노랗게 핀 꽃이 기쁨을 준다는 데서 이름이 유래했다.

부처꽃

시샘도 욕심도 없이
그저 자비로운 미소

화려하지 않고
향기 더 진하지 않고
그저 수수한 네 모습

진 땅 마른 땅 가리지 않고
어디서든 피어나는
부처님 같은 꽃

꽃말 : 비련, 슬픈 사랑

다년생 초본으로 근경이나 종자로 번식한다. 전국적으로 발생하며 산야의 습지에서 자란다. 원줄기는 높이 60~120cm 정도로 가지가 많이 갈라지며 털이 없다. 마주나는 잎은 잎자루가 없고 피침형으로 털이 없고 가장자리가 밋밋하다. 6~8월에 개화하며 잎겨드랑이에 3~5개의 꽃이 취산상으로 달려서 전체적으로 총상꽃차례처럼 보이고 홍자색으로 핀다. 삭과는 난형이고 꽃받침통 안에 있다. '털부처꽃'보다 식물체와 잎의 크기가 작은 편이다. 식물체에 털이 없고 잎은 잎자루가 거의 없으며 줄기를 감싸지 않고 포는 옆으로 퍼지며 짧다. 관상용으로 심는다.

복숭아꽃

살구꽃 아기 진달래와
봄을 젤 먼저 알려주는 꽃

무릉도원 별천지에 꽃 피고 나면
신선이 먹는 천도복숭아 열린다네.

복숭아꽃 활짝 핀 내 고향으로
신선처럼 훨훨 날아가 보고싶네.

* 무릉도원 : 도연명의 글 속에 나오는 별천지(천국)
* 천도(天桃) : 신선이 사는 하늘위에 있다는 복숭아

복숭아 꽃　　복숭아 열매

꽃말 : 매력, 유혹, 용서, 희망

북반구와 남반구의 따뜻한 온대지역에서 자란다. 중국에서 처음 재배하기 시작해 지중해 연안으로 퍼진 뒤 다른 유럽 지역에도 전파된 것으로 추정된다.
꽃은 지난해에 자란 어린 줄기를 따라 마디마다 1송이씩 피거나 2~3개가 모여 핀다. 꽃잎은 5장으로 분홍색이나 흰색이다.
병해로는 잎오갈병·검은별무늬병·세균성구멍병·탄저병 등이 있고, 충해로는 복숭아순나방·복숭아진딧물류·복숭아각지벌레류 등이 있다.

봉선화

예쁘다고 날 건드리지 마세요.
건드리면 탁!
갈색 폭탄알을 사방으로 날릴 거예요.

울 밑에 서서 누나를 기다리는 꽃
손톱에 꽃물 들여주던
우리 누나 닮은 꽃.

갈색 봉선화 씨앗.
멀리 멀리 가서 싹 틔우렴
탁! 탁! 탁!

꽃말 : 경멸, 신경질, 나를 건드리지 마세요

봉선화과에 속하는 1년생 초본식물. 인도, 말레이시아, 중국 남부가 원산지이다. 꽃의 생김새가 봉황을 닮아 봉선화라고 부른다. 키는 60cm 정도이며, 잎은 피침형으로 어긋나고 잎가장자리에 잔 톱니들이 있다. 꽃은 7~8월에 잎겨드랑이에 1~3송이씩 모여 피며, 꽃색은 홍색, 백색, 자색 등 품종에 따라 다양하다. 열매는 타원형의 5각이고, 성숙하면 황갈색의 종자가 튀어나온다. 우리나라에서는 고려시대 이전부터 널리 심었던 것으로 추정되며, 우리나라 전역에서 볼 수 있다.

제6부

너와 나의 선물

부들

무슨 잘못 저질러서
저리 부들부들 떨고 있니?

뭐가 그리 무섭길래
부들부들 떨고 있니?

아냐, 아냐,
떨고 있는 게 아니겠지.

솜방망이 만져 봐
세상 사람들과 부들부들
부드럽게 살아라는거야.

꽃말 : 용기

용도 : 무침용, 볶음용, 약용 등 부들과에 속하는 여러해살이풀. 원산지는 아시아(필리핀, 대한민국, 일본, 중국)이다. 한국에는 전국적으로 분포한다. 큰 부들과 애기부들이 있다. 키는 2m정도이며 잎은 길이가 1.3m에 이르지만 너비는 1cm도 못된다. 열매 이삭은 긴 타원형이며 붉은 갈색이다. 지혈제로 사용하며, 돗자리 및 부채 등의 재료로 쓴다. 잎에는 털이 없다. 꽃은 7월에 피며 노란색이다. 돗자리, 방석, 등을 만드는 데 사용했다. 식재료로 사용할 때에는 줄기나 새순, 뿌리 등을 먹는 것이 보편적이다.

분꽃씨

까만 분꽃씨를 깨어 보셔요.
하얀 햇빛 가루 쏟아지지요.
여름내 꽃씨 속에 모아 두었던
하얀 햇빛가루 하얀 분가루

우리 누나 얼굴에 분을 발라요.
누나 얼굴에 피는 하얀 분꽃은
여름내 꽃씨 속에 모아 두었던
하얀 햇빛가루 하얀 분가루

꽃말 : 수줍음, 소심, 겁쟁이

관상용으로 심어 기르는 한해 또는 여러해살이풀이다. 뿌리는 굵다. 줄기는 가지가 많이 갈라지며 마디가 굵고 높이 60-100cm이다. 잎은 마주나며 난형 또는 넓은 난형, 가장가리가 밋밋하고 끝이 뾰족하다. 꽃은 6-10월에 가지 끝의 취산꽃차례에 피며 향기가 나고 붉은색, 흰색 또는 노란색이다. 꽃싸개잎은 꽃받침처럼 보이며 녹색이고 5갈래로 갈라진다. 꽃잎은 없다. 열매는 난형이고 겉에 주름이 있으며 검게 익는다. 남아메리카 원산의 원예식물로 꽃 색과 무늬가 다양하다.

붓꽃(1)

아파트 단지 만든다고
살던 집 허물고 밀어버렸다.

이삿짐 챙겨 떠나버린 빈 터
숙이네집 꽃밭 자리.

아직도 옛 집인 줄 알고
붓꽃 한 포기 올라왔다.

돌 틈 비집고 나오더니
이슬 적신 붓으로 글을 쓴다.

〈여긴 숙이네 살던 집〉이라고.

꽃말 : 좋은 소식

붓꽃과 붓꽃속에 속하는 여러해 살이 풀 또는 그 식물의 꽃을 말한다. 꽃봉오리가 먹을 묻힌 붓과 같이 생겼다 하여 붙여진 이름이다.
잎은 난처럼 얇고 길게 뻗으며, 꽃은 푸른색 내지는 보라색, 밝은 색으로 개량한 종은 자주색으로도 보인다. 줄기는 휘지 않고 곧게 자라며, 키는 1m를 채 넘지 못하는 아담한 크기이다. 잎은 칼 모양이며 자주색이 흔하다. 다만 아이리스는 오랜 역사 동안 수많은 종이 개발되어서 검은색, 붉은색, 노란색, 파란색 등 아주 다양한 색상과 무늬가 있다.

붓꽃(2)

연필로 글 쓰는 아이
볼펜으로 글 쓰는 아이

크고 작은 붓 맘대로 골라
꽃도 그리고 붓글씨도 써 보렴

자주색 붓으로 한 번 써 봐
붓은 얼마든지 준비해 뒀으니

새벽 이슬에 적셔서
이 아침 시 한 수 써 봐

꽃말 : 좋은 소식

다년생 초본 근경이 옆으로 뻗음, 근립이 있음
잎은 광선형, 길이 13~41cm, 폭 5~13mm, 중륵이 뚜렷하지 않음
꽃은 4~5월 황색 개화, 화경 끝에 2개가 달림, 화경의 길이는 4~15cm, 소화경이 있음.

비파

따뜻한 남쪽나라에서만
꽃 피우는 비파

양귀비란 미녀가
제일 좋아 했다는 비파열매

달콤한 과일 맛을
북쪽 나라에선 잘 알 수 없지.

꽃말 : 현명, 온화

관상용으로 심어 기르는 상록 작은키나무이다. 줄기는 높이 3-5m지만 10m에 이르기도 한다. 어린 가지에 갈색 털이 많다. 잎자루는 없거나 1cm쯤이다. 잎은 어긋나며 좁은 도란형 또는 긴 타원형이며 가장자리에 이 모양 톱니가 드문드문 나고 잎 앞면은 털이 없고 윤이 나며 뒷면은 갈색 털이 있고 가죽질이다. 꽃은 10-12월에 가지 끝에서 난 원추꽃차례에 피며 흰색이고 향기가 있다. 열매는 이과이며 넓은 타원형이고 노랗게 익으며 맛이 좋다. 우리나라 남부지방에 식재한다. 일본, 중국에 분포한다.

사과꽃

봄하늘 새하얀 사과꽃
과수원 환하게 피었더니

한여름 뜨거운 햇살에 데어
파란 사과 빨갛게 익었네.

껍질은 반짝이는 햇살
속살은 달콤하고 새하얀 꿀물

가을 과수원 주렁주렁
입안에 군침이 술술 나오네.

꽃말 : 유혹, 명성, 성공, 미인

요약 장미과 사과나무속에 속하는 속씨식물. 남, 북반구 온대지역이 원산지이며, 2,000년 전부터 여러 품종들이 알려졌다. 품종과 생육환경에 따라 크기, 모양, 색깔, 신맛 등이 다양하지만, 보통 모양이 둥글고 지름이 50~100mm이며 붉은색이나 노란색에 가깝다. 사과나무는 겨울이 뚜렷한 남, 북반구의 위도 30~60℃ 사이에서 잘 자란다. 토양은 물이 잘 빠져야 하며 땅이 기름지지 못하면 비료를 주어야 한다. 사과는 날로 먹거나 파이나 타르트 등 다양한 방법으로 요리해서 먹는다

사마귀풀

손등에 난 사마귀
사마귀풀 발랐더니 똑 떨어졌어

사마귀는 사마귀풀이 미워
손등에 더 오래 붙어있고 싶은데

사람들은 사마귀풀이 좋아
미운 혹부리를 떼어내 주니까

우리들 마음 속의 혹부리도
똑 떼어내 주렴

꽃말 : 짧은 사랑

물기가 많은 논이나 늪에 자라는 한해살이풀이다. 줄기는 아래쪽이 비스듬히 땅을 기면서 뿌리를 내리고 가지가 많이 갈라지며, 높이 10-30cm이다. 줄기는 연한 녹색이지만 홍자색이 돌기도 하며, 겉에 한 줄로 털이 나 있다. 잎은 어긋나며 좁은 피침형으로 길이 2-6cm, 폭 4-8mm이다. 꽃은 8-9월에 연한 홍자색으로 핀다. 열매는 삭과이며 타원형이다. 전국에 생육하며 세계적으로 대만, 러시아, 북미, 일본, 중국에 분포한다.

산꼬리풀

산은 꼬리가 있다
칡 머루 다래넝쿨 긴 꼬리

산골짝 졸졸졸 노래하는 물꼬리
산을 흔드는 큰 폭포 꼬리

분홍빛 자루 달고 살랑살랑 웃는
작고 가냘픈 산꼬리풀도 있지.

꽃말 : 달성

산지의 초원에서 자라는 다년생 초본이다. 높이 40~80cm 정도이고 가지가 거의 없으며 굽은 털이 산생한다. 잎자루가 거의 없는 잎은 마주나고 길이 5~10cm, 너비 15~25mm 정도의 좁은 난형 또는 긴 타원형으로 끝이 뾰족하며 밑부분이 좁다. 꽃은 8월에 피며 벽자색이고 총상꽃차례는 연한 짧은 털이 있다. 열매는 타원형 또는 넓은 도란형으로 꽃받침보다 길다. '섬꼬리풀'에 비해 잎은 자루가 거의 없고 꽃차례는 짧으며 꽃은 밑을 향한다. '큰산꼬리풀'과 비슷하지만 잎이 좁은 난형 또는 장타원형이다. 식용과 밀원용으로 이용한다.

산솜방망이

산에 산에 방망이
맞아도 안 아픈 솜방망이

노루 토끼 다람쥐 멧돼지
방망이 쳐들어도 무서워하지 않아

산 속의 식구들 잘못하면
혼 내주려 하지만
아무도 겁내지않는 솜방망이

꽃말 : 산힐아버지, 그리움

다년생 초본으로 근경이나 종자로 번식한다. 전국적으로 분포하며 높은 산에서 자란다. 원줄기는 높이 25~50cm 정도로 가지가 없고 골이 파진 능선과 거미줄 같은 털이 있다. 모여 나는 근생엽은 길이 10cm 정도의 긴 타원형이나 개화기에 없어지고 어긋나는 경생엽은 잎자루에 날개가 있고 잎몸이 길이 6~9cm, 너비 2~3cm 정도의 도피침상 긴 타원형으로 털이 있고 가장자리에 톱니가 있다. 7~8월에 산방상으로 달리는 두상화는 지름 30mm 정도로서 적황색이다. 수과는 길이 2.5~3mm 정도의 긴 타원형으로 능선에 털이 있으며 관모가 길이 5.5mm 정도이다. '민솜방망이'와 비슷하지만 경엽에 털이 있다. 식용하며 관상용이나 사료용으로 심기도 한다.

산괴불주머니

산은 귀여운 아기 토끼들에게
괴불주머니 하나씩 준다.

재롱 떠는 다람쥐에게도
괴불주머니 한 개

산 속의 착한 식구들에게
괴불주머니 노리개 하나씩

* 괴불주머니 : 어린 아이의 노리개(장난감)

꽃말 : 보물주머니

2년생 초본으로 송사로 번식한다. 전국적으로 분포하며 산지의 습기가 많은 곳에서 자란다. 원줄기는 곧추서서 가지가 많이 갈라지고 높이 30~60cm 정도이며 전체에 분록색이 돌고 속이 비어 있다. 어긋나는 잎의 잎몸은 길이 10~15cm 정도로서 난상 삼각형이고 2~3회 우상으로 갈라진다. 4~6월에 개화하며 총상꽃차례에 피는 꽃은 황색이다. 삭과는 길이 2~3cm 정도의 선형으로 염주같이 잘록잘록하며 종자는 흑색이고 둥글며 오목하게 파인 점이 있다. '괴불주머니'와 비슷하지만 종자 표면에 오목점이 많고 '염주괴불주머니'와 달리 개화기까지 남는 근생엽과 경생엽은 난형으로 우상복생한다. 관상용으로 심기도 한다. 괴불주머니 종류는 모두 독이 있어서 먹으면 안 된다. 연한 잎을 데쳐서 우려내고 먹는 곳도 있다.

산수유꽃

봄햇살 포근하게 내리쬐는 날
젤 먼저 섬진강에 웃음 터뜨리는꽃

강촌 마을 온통 노랗게 물들이더니
어느 새 빨간 열매 조롱조롱 열렸다.

산새들이 여름 먹을 양식인데
사람들 조금 남겨놓고 가져가세요.

꽃말 : 지속, 불변

경기도와 강원도 이남에서 널리 식재. 낙엽 활엽 소교목. 높이 7m. 잎은 마주나기하며 달걀형이고 긴 점첨두이며 넓은 예형으로 길이와 폭이 각 4 ~ 12cm × 2.5 ~ 6cm로, 표면은 녹색이며 복모가 약간 있고 뒷면은 연한 녹색 또는 흰빛이 돌며 맥 겨드랑이에 갈색 밀모가 있다. 암수한꽃으로 3 ~ 4월 잎보다 먼저 개화하고 노란색이며 지름이 4 ~ 5mm이고, 우상모양꽃차례에 20 ~ 30개의 꽃이 달린다. 총포조각은 4개이고 노란색이며 길이 6 ~ 8mm로, 타원형 예두이고, 꽃대 길이는 6 ~ 10mm이며, 꽃받침조각은 4개로 꽃받침통에 털이 있고, 꽃잎은 피침상 삼각형이며 길이 2mm이다. 열매는 장과로 긴 타원형이며 길이 1.5 ~ 2cm로 광택이 있고, 종자는 타원형으로 8월에 성숙한다.
  정원수로도 사용되며, 유실수로도 많이 심는다. 채과는 노목이 될수록 수확량이 많아진다.

살구꽃

방방곡곡 마을마다 피는 꽃
가난한 옥이네 오두막집 우물가에서

"살고 보자 살고 보면
옥이네도 잘 사는 날 찾아온단다"

꿈을 먹고 살고 보자고
살고꽃이 방긋방긋 웃는다.

꽃말 : 처녀의 수줍음, 의혹

분포지역 중국 : 주로 경상남북도, 충청남북도, 전라남북도, 경기도 및 함경남도 등지에 식재.
형태 : 낙엽 활엽 소교목. 크기 높이 5m. 잎 : 어긋나며 길이 6~8cm의 넓은 달걀꼴 또는 넓은 타원형으로서 끝이 뾰족하고 가장자리에 불규칙한 홑톱니가 있다. 양면에 털은 없다. 꽃 4월에 잎보다 먼저 연분홍색의 오판화가 지난해 나온 가지에 달려 피는데 지름은 25~35mm이고 꽃자루가 거의 없다.

상사화

꽃이 필 때는 잎을 못 보고
잎이 나올 때는 꽃을 못 보고

네가 보고 싶을 땐 내가 없고
날 보고싶을 땐 네가 없고

서로서로 그리워만 하는 꽃
이룰 수 없는 사랑, 눈물짓는 꽃

꽃말 : 이룰 수 없는 사랑

　수선화과에 속하는 여러해살이풀. 일본이 원산지이나 한국을 비롯한 전세계의 정원이나 화분에서 관상용으로 재배하고 있다. 키는 60cm 정도 자라며 비늘줄기는 지름 4~5cm, 길이 30cm이다. 너비가 2.5cm 정도인 잎이 비늘줄기에 모여나지만 여름에 꽃이 나오기 전에 말라 죽는다. 홍자색의 꽃은 8월에 비늘줄기에서 나온 꽃자루 위에 4~8송이씩 무리져서 핀다. 양지바르고 배수가 잘 되는 토양에서 잘 자란다. 비늘줄기는 약재로도 쓰이는데 주로 호흡기 질환을 다스리고 통증에 효험이 있다.

생강나무

겨우내 흙 속에서
생강을 만들었어요.

샛노란 꽃 송이마다
생강 향기 만들었어요.

톡 쏘는 생강 맛 보셔요
톡 쏘는 봄을 맛 보셔요.

꽃말 : 수줍음, 사랑의 고백

전국의 산기슭 양지바른 곳에 자라는 낙엽 떨기나무로서 중국, 일본에도 분포한다. 잎은 어긋나며, 심장형 또는 난형으로 가장자리는 밋밋하거나 3-5갈래로 크게 갈라진다. 꽃은 3-4월에 잎보다 먼저 암수딴그루로 피며, 꽃대가 없는 산형꽃차례에 달리고 노란색이다. 화피는 6장이다. 수꽃에는 수술 6개, 암꽃에는 암술 1개와 헛수술 9개가 있다. 열매는 장과이며, 9월에 검게 익는다. 외래식물인 층층나무과의 산수유나무와는 달리 산에 저절로 자라는 자생식물이다. 동백나무 또는 동박나무라고 부르기도 하며, 어린 가지와 잎에서 생강 냄새가 난다. 씨앗으로 머릿기름을 짜서 쓴다.

솔꽃

산에 산에 솔꽃 피면
옹달샘에 꽃가루 가득
안개비처럼 내려앉는다.

아픈 배 다 나았고
키도 한 뼘씩 큰다.

노루도 산새도
노란 솔꽃가루를
옹달샘 약수에 타서 마시고

꽃말 : 변덕쟁이

솔나무·송목·적송·육송 등으로 부르며, 송유송(松油松)·여송(女松)·자송(雌松)·청송(靑松) 등으로도 부른다. 학명은 Pinus densiflora S. et Z.이다. 높고 굵게 크는 나무로서 우리나라의 나무 가운데 은행나무 다음으로 큰 몸집을 갖고 있다.
꽃은 암수한그루로 5월에 피는데. 수꽃에 해당하는 소포자엽(小胞子葉)은 긴 타원형으로 새 가지의 아랫부분에 붙고, 암꽃에 해당하는 대포자엽은 계란 모양으로 새 가지의 끝에 붙는다.
꽃가루는 노랗고 공기주머니를 가지고 있어 멀리까지 전파되며, 다음해 가을에 솔방울이 익고 인편(鱗片)이 벌어지면서 씨가 땅으로 떨어진다.

송화꽃

보릿고개 산골마을 송화꽃 피면
밤새도록 두견새는 소쩍소쩍 울었다.

샛노란 송화가루 정성손으로 받아서
다식 만들어 할머니 제사상에 올려드렸지.

산 넘어 언덕 넘어 날아간 꽃가루
봄소식 전하고 장독대 위에서 쉬고있네.

꽃말 : 불로장수

소나무의 꽃 또는 식용을 위해 그 꽃에서 채취한 가루. 노란색을 띤다. 꽃은 봄에서 늦봄 사이에 피고, 꽃가루도 그 시기에 날린다. 입자가 굉장히 미세하기 때문에 손에 묻으면 마치 분필을 만진 것처럼 손마디의 주름 사이사이에 끼고 송진으로 인해 끈적거려 잘 털어지지 않아서 꽃가루가 날리는 봄철에는 생활에 불편함을 주지만, 향과 맛이 뛰어나 식용으로 쓸 때는 다식이나 차에 사용된다.

수국

애들아 여기 와서   다른 꽃들이 부러워
솜사탕 가져가렴   침을 꼴깍 꼴깍

하얀 솜사탕 베어물고   나비는 솜사탕 너무 무거워
춤추고 노래 부르자   목 한 번 축이고 쉬었다 간다.

꽃말 : 냉정, 무정, 거만

일본 원산으로 남부지방에 널리 심어 기르는 떨기나무로 일본, 북반구에서 광범위하게 재배한다. 줄기는 높이 1~3m, 겨울에 위쪽 가지가 죽는다. 잎은 마주나며, 난형 또는 넓은 난형, 두껍고 윤이 난다. 잎 가장자리에 톱니가 있다. 꽃은 6~7월에 줄기 끝의 산방꽃차례에 많이 달리고, 연한 자주색, 푸른색, 연한 붉은색, 생식능력이 없는 중성꽃만 있다. 꽃차례는 둥글고, 지름 10~15cm다. 꽃받침은 4~5장, 꽃잎처럼 보이며, 시기에 따라서 색깔이 달라진다. 꽃잎은 4~5장이지만 매우 작다. 수술은 10개쯤이다. 암술은 퇴화되어 있고, 암술대는 3~4개다. 많은 원예품종이 있다.

수수꽃다리

꽃이 향기가 없다면
벌도 나비도 찾지 않겠지.

사람이 향기가 없다면
아무도 거들떠보지 않지.

온 동네 수수꽃다리 향기에
흠뻑 빠져 취해버렸다.

* 수수꽃다리 : 라일락꽃

꽃말 : 사랑 우애

국내분포 황해, 평안남도, 함경남도 산기슭이나 마을 주변에 자라는 낙엽 떨기나무다. 줄기는 높이 2-3m에 달하며 어린 가지는 털이 없으며 회갈색이다. 잎은 마주나고 넓은 달걀 모양 또는 달걀 모양이다. 꽃은 4-5월에 연한 자주색으로 피고, 향기가 있다. 꽃받침과 꽃부리는 4갈래로 갈라지고 수술은 2개이다. 관상용으로 재배하는 라일락과 비슷하지만, 라일락은 잎 길이가 폭에 비해서 긴 편인데, 수수꽃다리는 길이와 폭이 비슷한 점이 다르다. 자생지에 대한 정보가 명확히 알려져 있지 않다.

술패랭이

술 마시고 피었다고 술패랭이꽃일까
술술 부는 바람에 춤춘다고
술패랭이일까

술술술 바람 부는 산길에
술 취한 아저씨 깨어나라고
술패랭이꽃 활짝 피었을까

꽃말 : 무욕, 평정

한 여름 분홍색으로 화려하게 꽃을 피운다. 패랭이꽃은 꽃대도 곧고 포기형태를 잘 나타내지만 술패랭이는 꽃대가 그리 강하지 않아 곧잘 쓰러지곤 한다. 하지만 향기는 술패랭이꽃이 훨씬 좋다.
도로변 화단이나 정원에 여름철 관상용으로 많이 쓰인다. 패랭이꽃은 포기를 잘 형성하며 어느 정도 군락을 이루지만 술패랭이꽃은 드문드문 자란다. 패랭이꽃 종류는 포기가 오래 묵으면 포기 가운데 부분은 말라 고사되고 방석처럼 자꾸 옆으로 새 줄기가 퍼진다. 술패랭이꽃은 향기가 워낙 좋아 꽃꽂이 용으로도 훌륭한 소재이다. 씨앗으로 잘 번식한다. 꽃이 진뒤 그 자리에 긴 꼬투리가 달리는데 씨앗이 충분히 여물면 검은 색을 띠므로 이때 딴다. 바로 뿌려서 추위가 오기 전에 어느정도 키우면 이듬해 여름에 꽃을 볼 수 있다.

쑥부쟁이

뙤약볕 들판에
아무도 눈길 주지 않은 잡초 밭
이름 없는 들풀인 줄 알았는데

간밤에 은하수 별들이
모두 내려와 놀다 간 뒤

들판 가득 남겨놓은
별들의 발자국

사람들 거들떠보지 않아도
벌 나비 찾아와서
반갑게 입 맞추는 꽃

꽃말 : 인내

다년생 초본으로 근경이나 종자로 번식한다. 중남부지방에 분포하며 들에서 자란다. '가새쑥부쟁이'에 비해 키가 작고 잎이 약간 두꺼우며 거친 톱니가 있고 '민쑥부쟁이'와 달리 톱니가 있으며 수과는 길이 2.5mm, 관모는 길이 0.5mm 정도이며 가지가 굵다. 어린순은 나물로 식용하며 재배하기도 한다. 관상용으로 심기도 한다. 봄여름에 잎과 줄기를 삶아 말려두고 나물로 먹는다. 국으로 끓여 먹기도 하고 데쳐서 무쳐 먹고 쑥부쟁이밥을 해서 먹기도 한다.

씀바귀

씨 뿌려 가꾸지 않아도
봄 들판에 피어난 씀바귀
중얼중얼 쓴 소리 한다.

사람들은 쓴맛을 싫어하고
단맛만 좋아한다니까

세상엔 단맛만 있는 게 아냐
가끔은 쓴맛도 좀 봐야 해

왜 그런지 살다보면 알게 될거야
쓴맛 단맛 다 봐야 알게 될거야.

꽃말 : 순박, 헌신, 비밀스런 사랑

다년생 초본으로 근경이나 종자로 번식한다. 전국적으로 분포하며 산야에서 자란다. 원줄기는 높이 25~50cm 정도로 윗부분에서 가지가 갈라진다. 모여 나는 근생엽은 길이 6~12cm 정도의 도피침형으로 밑부분의 가장자리에는 치아상의 잔 톱니와 결각이 있다. 어긋나는 경생엽은 2~3개 정도이고 길이 4~9cm 정도의 긴 타원상 피침형으로 가장자리에 잔 톱니가 있다. 봄에 뿌리와 어린순은 나물로 식용한다. 잎과 어린순을 생으로 먹거나 데쳐서 간장이나 된장, 고추장에 무쳐 먹는다. 뿌리째 캐서 무치거나 김치를 담기도 한다.

제7부

어머니 꽃

아까시꽃

가시가 있다고 아까시꽃

가시만 보지말고
하얀 꽃 송이 송이
향긋한 꽃 향기를 봐

아!
예쁘고 향기로운 아가씨구나.

꽃 그늘아래 손잡고 걷던
향기로운 그 친구가 그립다.

꽃말 : 단결, 품위

북아메리카 원산으로 1900년 초에 황폐지 복구용 또는 연료림으로 들여와 전국에 식재된 귀화식물이다. 지금은 완전히 정착하여 산과 들에 야생상태로 자라고 있으며 키가 25m 정도까지 자라는 키가 큰 낙엽 지는 나무이다. 줄기에는 잎이 변한 가시가 많이 있고, 잎은 깃털모양의 겹잎으로 타원형의 작은 잎이 7~19개 붙어있다.
꽃은 5~6월에 흰색으로 피며 지름15~20mm정도 되는 나비모양의 꽃들이 여러 개가 긴 꽃자루에 달려서 밑으로 축 늘어진다. 꽃은 향기가 진하고 꿀이 많이 들어있어서 꿀벌이 매우 좋아한다. 꽃받침은 5갈래로 갈라져 있다. 열매는 긴 타원형의 납작한 꼬투리로 되어있으며 그 속에 5~10개의 종자(씨)가 들어있는데 10월에 익는다. 종자(씨)는 둥글고 납작한 신장 모양이며 길이 약 5mm이고 검은빛을 띤 갈색이다. 번식은 꺾꽂이와 포기나누기, 종자로 한다.

아기사과꽃

새하얀 사과꽃 필 때
우리 아기 태어났지.

아기가 방글방글 웃을 때
파란 열매 조롱조롱 열렸지.

아기가 뒤뚱뒤뚱 걸음마 할 때
아기사과 동글동글 익겠지.

꽃말 : 유혹

꽃사과나무는 중국이 원산이나 오래전부터 사람들이 개량하여 원예품종을 계속 만든 탓에 수많은 품종이 있고, 학자들 간에도 이 나무의 분류학적인 위치에 대하여 의견일치를 보지 못하고 있다.
봄이면 거의 나무 전체를 뒤덮어 버릴 만큼 많은 꽃이 잎과 함께 핀다. 진분홍색의 꽃이 대부분이지만 원예품종은 하얀 꽃이 피기도 한다. 키 5~6미터에 지름은 한 뼘 정도이며, 원래 아름드리로 자라는 나무는 아니다. 잎이나 껍질모양도 사과나무를 많이 닮았다. 열매는 떫고 별다른 맛이 없어서 그냥 먹기는 어렵지만 과일주를 담그기도 한다.

애기똥풀꽃

엄마는 아기가 그냥 다 예쁘대요
기저귀에 싸는 똥도 귀엽대요.

엄마는 똥 냄새도 좋대요
기저귀 솔솔솔 그냥 향기롭대요.

노란 색 작은 꽃잎
줄기 속 샛노란 물
우리 아기 노란 똥

그냥 그냥 귀엽고
그냥 그냥 향기롭고
아기 노란 똥 꼭 닮았어요.

꽃말 : 몰래 주는 사랑

동부아시아의 온대에 분포한다. 전국 각지에 야생한다.
두해살이풀. 높이는 30–80cm 가량된다. 잎은 어긋나기하며 엽병이 있고 1–2회 넓게 우상전열(羽狀 全裂) 또는 깊게 갈라지며 길이7–15cm, 나비5–10cm로서 끝이 둥글고 뒷면은 백색이며 털이 약간 남아 있기도 하고 표면은 녹색이며 가장자리에 둔한 톱니와 결각이 있다. 열편은 도란상의 긴타원모양이다.
5–8월에 원줄기와 가지 끝에서 우상모양꽃차례가 발달하고 황색 꽃이 달리며 꽃받침조각은 2개이고 타원형이며 길이 6–8mm이고 일찍 떨어지며 겉에 잔털이 있다.

야고꽃

제주도 한라산 억새밭에 해로운 담뱃대라서
연한 홍자색 꽃자루 부끄러운지 고개 폭 숙였구나.

담뱃대 더부살이 꽃이라서
꼭 담배 닮았구나.

꽃말 : 더부살이

담배대더부살이라고 한다. 보통 억새 뿌리에 기생하고 양하와 사탕무 뿌리에도 기생한다.
줄기는 매우 짧아 거의 땅 위로 나오지 않으며 털이 없고 몇 개의 잎이 있다.
잎은 어긋나고 비늘 조각 같으며 붉은빛이 도는 갈색이다. 억새풀 속에 숨어 피는꽃 억새 양분을 먹고 산다.
분포 지리는 한라산이라고 한다. 억새 포기의 양분을 얻어먹고 자라는 풀. 상암동 하늘공원 억새밭에 제주도에서 억새를 들여올 때 씨가 묻어와 꽃이 핀다. 한국(한라산)·일본·중국·동남아시아·히말라야 등지에 분포함.

양지꽃

양지바른 풀밭에서
봄소식 알려주는 꽃

노란 봄 햇살에
방글방글 웃는 아기

햇살이 곱게 퍼지는 마을
제일 먼저 봄마중 나온 꽃

꽃말 : 사랑스러움과 행복

학명은 Potentilla fragarioides var. major MAX.이다. 우리나라 각처의 양지바른 곳에 나며, 풀 전체에 거친 털이 나 있고 줄기는 땅을 긴다.
밑동잎은 깃꼴겹잎이며 도란형으로 땅에 깔리고 맨 위에 있는 3개의 소엽은 크다. 밑으로 내려갈수록 소엽의 크기는 작아진다. 잎의 윗면은 짙은 녹색이며 뒷면은 황록색이고 가장자리에 톱니가 있다.
꽃은 봄철에 노랗게 피며 꽃잎은 5장이다. 수술과 암술은 많고 꽃 지름은 2cm 가량 된다.
어린순은 나물로 먹으며 한방에서는 약재로 쓴다. 약성은 온(溫)하고 감(甘)하며 익기(益氣)·지혈의 효능이 있는 것으로 알려져 있다.

어리연꽃

어리다고 어리연꽃

어리광 부린다고 어리연꽃

어리석다고 어리연꽃

어리숙하다고 어리연꽃

어리디어린 동자부처님꽃

꽃말 : 수면위의 요정

다년생 초본의 수생식물로서 근경이나 종자로 번식한다. 중남부지방에 분포하며 연못, 늪, 도랑에서 자란다. 마디에 수염 같은 뿌리가 있으며 원줄기는 가늘고 1~3개의 잎이 달린다. 물속에 있는 잎자루는 길고 물위에 뜨는 잎몸은 지름 7~20cm 정도의 원심형으로 밑부분이 깊게 갈라진다. 7~8월에 피는 꽃은 백색 바탕에 중심부는 황색이고 10여 개가 한 군데에서 달린다. 삭과는 길이 4~5mm 정도의 긴 타원형이고 종자는 길이 0.8mm 정도의 넓은 타원형으로 갈색이 도는 회백색이다. '좀어리연꽃'과 달리 잎자루는 길이 1~2cm 정도이며 꽃은 지름 15mm 정도로서 꽃부리 안에 긴 털이 있다. 관상용이나 식용으로 이용한다.

얼레지

얼레리 꼴레리
이른 봄 깊은 산속에 핀 꽃
친구들이 그리워 울고 있구나.

아기 돌무덤 가에 핀 얼레지
무덤 속 아기가 꽃이 되었구나.
엄마 엄마 부르면서 울고 있구나.

꽃말 : 질투

무침용, 볶음용, 약용 등. 백합과에 속하는 여러해살이풀. 한국과 일본 등의 아시아가 원산지로 전국의 높은 산 반그늘에 분포한다. 보라색으로 피는 꽃이 아침에는 꽃봉오리가 닫혀 있다가 햇볕이 들어오면 꽃잎이 벌어진다. 다시 오후가 가까워지면 꽃잎이 뒤로 말린다. 개미 유충 냄새와 흡사한 검은색의 씨앗을 개미들이 자신들의 알인 줄 알고 옮겨 날라 씨의 발아를 돕는다. 잎은 나물로 먹고 녹말이 함유된 뿌리는 구황식물로도 쓰였다.

엉겅퀴꽃

누가 건드리기만 해 봐
가시로 콕 찔러 줄 테니

가시쯤 겁나지 않은가 봐
나풀나풀 날아온 벌 나비

벌과 나비님은 찌르지 않을 테니
꽃송이 위로 살짝 오세요.

뾰족한 바늘 보고 겁내지 마
날 해치는 자에게 겁 줄 거야.

난 겉보다 속이 따뜻한 꽃이야.

꽃말 : 근엄, 독립, 고독한 사랑

　다년생 초본으로 근경이나 종자로 번식한다. 전국적으로 분포하며 산야에서 자란다. 원줄기는 높이 60~120cm 정도이고 전체에 백색 털이 있으며 가지가 갈라진다. 모여 나는 근생엽은 개화기에도 붙어 있고 길이 15~30cm, 너비 6~15cm 정도의 피침상 타원형으로 6~7쌍의 우상으로 깊게 갈라지고 양면에 털이 있으며 가장자리에 결각상의 톱니와 가시가 있다. 어린순을 식용한다. 연한 잎을 삶아 나물로 먹거나 국을 끓여 먹는다. 데쳐서 무쳐 먹기도 하고 튀김으로도 먹는다. 줄기는 장에 찍어 먹거나 장아찌로 먹는다.

여뀌

시냇물속 붕어새끼 생각난다
여뀌 풀숲 사이로 헤엄치며
미꾸라지 송사리 떼와 놀던 실개울

여뀌 풀을 짓찧어서 개울물에 풀면
해롱해롱거리며 떠돌아다니던
풀독에 취한 붕어 송사리떼

여뀌풀 그만 찧어 넣으면
제 정신 돌아와 활개치던
그 물고기들이 보고싶구나.

꽃말 : 학업의 마침

1년생 초본으로 종자로 번식한다. 전국적으로 분포하며 들이나 개울가의 습지에서 자란다. 잎은 어긋나며 잎몸은 길이 4~12cm, 너비 1~3cm 정도의 피침형으로 양끝이 좁고 가장자리가 밋밋하다. 표면은 털이 없으며 녹색이고 씹으면 맵다. 잎자루가 없으며 초상의 턱잎은 막질이고 가장자리에 털이 있다. 6~9월에 개화한다. 밀원용으로 심으며 식용하기도 한다. 어린잎은 나물이나 향신료로 이용하고 여뀌 즙으로 만든 누룩을 여뀌누룩이라 하며 술도 빚는다. 논에서 문제잡초가 되기도 한다.

연꽃

아기 청개구리
연잎에 올라앉아,

"나도 연꽃이 될 수 있을까?"
"그럼 그럼 될 수 있고말고"

진흙탕 속에서 피워올린 수련꽃
어둡던 연못속이 환하다.

꽃말 : 배신, 청결, 신성

다년생 초본의 수생식물로서 뿌리나 종자로 번식한다. 전국적으로 분포하며 연못이나 강가에서 자란다. 근경에서 나오는 잎의 잎자루는 원주형이고 잎몸은 지름 25~50cm 정도의 원형으로 백록색이며 물에 잘 젖지 않는다. 7~8월에 개화한다. 연한 홍색 또는 백색의 꽃이 1개씩 달리고 꽃잎은 도란형이다. 열매는 길이 1~2cm 정도의 타원형으로 흑색이다. '가시연꽃'과 달리 다년초로 가시가 없고 심피는 도원추형의 화탁속에 이생하며 배주는 1~2개이다. 관상용으로 많이 심으며, 꽃과 잎을 차로 이용하기도 한다. 여름에 연한 잎을 말려 죽을 쑤어 먹으며 뿌리는 각종 요리에 쓰며, 각 지역에서 많은 건강식품이 개발되고 있다.

연꽃 옆에서

효녀 심청이를 기다렸다.
혹시나 연꽃 속에서 방긋 웃으며
내 앞에 나타나지 않을까 하고

심청이는 해가 저물어도 오지 않고
절 마당에 달아 놓은 연등 속에서
촛불만 가물가물 흔들리고 있었다.

연꽃은 밤 새 한 마디 말이 없고
그 때까지 기다리는 날 보고
법당 부처님은 빙그레 웃기만 했다.

꽃말 : 배신, 청결, 신성

연꽃은 7~8월에 피고 백색 또는 홍색이며 꽃줄기 끝에 1개씩 달리고 지름 15~20cm이며 꽃줄기에 가시가 있다. 꽃잎은 타원형 모양이며 수술은 여러 개이다. 꽃받침은 크고 편평하며 지름 10cm 정도이다.
열매는 벌집처럼 꽃받침의 구멍에 씨가 검게 익는데 이것을 연밥이라고 하며 까서 먹기도 한다.
연은 씨앗채로 식용하고 잎은 연잎차로 또는 연잎 밥의 재료로 사용하며 뿌리줄기의 굵어진 부분은 연근으로 비타민과 미네랄의 함량이 비교적 높아 좋은 반찬의 재료가 되는 쓰임새가 많은 식물이다.

왜솜다리꽃

여리디 여린 다리
난쟁이처럼 작아도

별처럼 예쁜 꽃
소리없이 새하얗게 피었어요.

뽀송뽀송 가는 솜다리
아기 개미들이 딛고
조심조심 건너가는 꽃

꽃말 : 소중한 추억

　뿌리나 종자로 번식한다. 근경에서 모여 나는 원줄기는 높이 20~50cm 정도로 윗부분에서 가지가 갈라지고, 전체가 백색 면모로 덮여있다. 수과는 길이 1mm정도의 타원형으로 유두상의 돌기가 있다. 한라솜다리와 달리 포엽이 드문드문 달리며, 중앙에 달린 잎은 피침형 또는 장타원형이고 두화털이 없는 부분이다. 열매는 수과, 갓털은 연한 황백색이다. 솜다리에 비해 키가 작고 외총포편의 가장자리에 긴 털이 거의 없다. 식용하기도 한다. 2013년 국립산림과학원이 민간인 출입통제구역인 고성 향로봉 일대에서 멸종위기종인 왜솜다리를 다수 발견했다. 왜솜다리는 1970~1980년대 설악산 등지에서 무차별 채쥐로 개체수가 급격히 감소한 종이다.

용머리꽃

애걔걔!
무슨 용 머리가 요렇게 작아?

그것도 몰라?
아기 용이니까 그렇지!

아기 용 고개 쳐들고
까불까불 춤추고 있네.

꽃말 : 승천

꽃이 언뜻 여의주를 물고 승천하는 용의 머리를 닮아 붙여진 이름과 꽃말 같다. 다년생 초본으로 근경이나 종자로 번식한다. 전국적으로 분포하며 산지에서 자란다. 근경에서 모여 나는 원줄기는 높이 15~40cm 정도이고 밑으로 굽는 흰색의 털이 있다. 마주나는 잎의 잎몸은 길이 2~5cm, 너비 2~5mm 정도의 선형으로 가장자리가 밋밋하고 뒤로 말린다. 6~8월에 피는 꽃은 자주색이다. 꽃받침이 2순형이고 열편은 3각상 피침형이며 위쪽의 것이 다소 넓다. 어린순을 삶아 나물로 먹는다. 개화기에는 밀원용으로 이용한다.

우산나물

개미가 비 오는 날
우산 활짝 펴 들고 가라고

날비를 맞고 가는 친구
우산 속에 어깨동무 하고 가라고

비 오는 날 함께 쓰고 가라고
우산나물꽃 우산 펴들었다.

꽃말 : 편히 쉬세요

특징 잎이 다 펴지면 우산을 닮았다. 폈을 때 우산 모양도 아름답지만 추위가 풀리고 봄이 오면서 땅 속에서 나오는 어린 싹을 보면 생명의 신비를 느낀다. 다년생 초본으로 근경이나 종자로 번식한다. 전국적으로 분포하며 깊은 산에서 자란다. 원줄기는 가지가 없고 높이 70~140cm 정도이며 털이 있다가 없어지고 회청색이 돌며 2~3개의 잎이 달린다. '애기우산나물'과 비슷하지만 두화가 원추상으로 달리고 잎의 열편은 너비 2~4cm 정도로 넓다. 어린순은 나물로 식용하며 관상용으로 심기도 한다. 봄에 어린순을 삶아 나물로 먹거나 생으로 먹고 데쳐서 무쳐 먹기도 하고 된장국을 끓여 먹기도 한다. 샐러드, 튀김, 숙채, 볶음 등으로도 먹는다.

유채꽃

푸른 하늘
푸른 바다
푸른 산
4월 거제도는 푸른 도화지

그 도화지 한 구석
산비탈 작은 밭떼기에
누가 쏟았을까
샛노란 그림 물감

물감은 어느 새
수 만 마리 나비 떼
나풀 나풀 날개짓
눈이 아리다.

꽃말 : 쾌활

십자화과에 속하는 두해살이풀. 봄에 피는 노란 꽃으로 유명하다. 잎과 줄기는 식용으로 먹을 수 있다. 씨에서 짜낸 기름을...지방에서 재배한다. 제주도에서는 이른 봄, 노랗게 피는 유채밭을 관광자원으로 중요하게 여기고 있다. 잎자루가 없고 원줄기에 착생하는 잎은 보통 30~50매이다. 꽃은 총상화서(總狀花序: 긴 꽃대에 여러 개의 꽃이 어긋나게 핀다. 유채의 어린 잎과 줄기는 식용하거나 사료로 이용한다.

제8부

숲속 비밀

은방울꽃

은방울 방울소리
댕그랑 댕그랑
아기들에게 들려주는 알림종

냠냠냠 밥 먹을 시간이다.
댕그랑 댕그랑

애들아 이제 잠잘 시간이다.
댕그랑 댕그랑

은방울 알림 종소리
행복한 웃음소리

꽃말 : 틀림없이 행복해집니다

다년생 초본으로 땅속줄기나 종자로 번식한다. 전국적으로 분포하며 산 가장자리의 다소 습기가 있는 곳에서 군락으로 자란다. 땅속줄기가 옆으로 길게 벋고 마디에서 새순이 지상으로 나오며 밑부분에 수염뿌리가 있다. 화경은 7~15cm 정도로서 잎보다 짧다. 밑에는 막질의 초상엽이 있고 그 속에서 2개의 잎이 나와 밑부분을 서로 감싸고 있다. 잎몸은 길이 12~18cm, 너비 3~7cm 정도로서 난상 타원형으로 가장자리가 밋밋하며 표면은 짙은 녹색이고 뒷면은 연한 흰빛이 돈다. 5~6월에 개화한다. 꽃은 총상꽃차례이고 밑으로 드리우며 화피는 넓은 종형이다. 잎이 '산마늘'과 비슷하지만 독이 강하다. 구토와 설사, 심장 마비 등 중독 증상을 일으킬 수 있으나 약으로 쓰인다.

이삿짐 위의 개나리

서울 가는 이삿짐 차에
개나리꽃잎 하나
짐보따리 위에 얌전히 앉아있다.

너도 서울 가고 싶구나.
남녘 봄소식 알려주려고
먼저 올라탔구나.

개나리야,
짐보따리 꼭 붙잡고
서울까지 잘 가거라.

울타리 너머 살구꽃이
분홍 손을 흔든다.

자운영

지난 해 벼를 거둔 논
올 봄에는 꽃밭이 되었다.

지난 해 흘린 농부의 땀방울
자운영꽃으로 송이송이 피어났다.

반가운 심부름꾼이란 꽃말처럼
봄 소식 가득 안고 달려왔구나

남쪽 나라 봄소식 자운영 꽃향기
한 보자기 가득 너에게 보낸다.

꽃말 : 그대의 관대한 사랑, 감화, 나의 행복입니다

밭에 심어 기르거나 개울가나 논둑에 자라는 한해 또는 두해살이풀이다. 줄기는 높이 10-25cm이고 흰 털이 있으며 밑에서부터 가지가 갈라져 옆으로 벋으며 윗부분은 곧추선다. 잎은 홀수 1회 깃꼴겹잎이고 작은잎은 2-11장이며 도란형 또는 타원형으로 길이 6-20mm, 끝은 패었거나 둥글다. 꽃은 4-6월에 홍자색 또는 흰색으로 피며, 산형꽃차례를 이루어 달린다. 열매는 협과이고 긴 타원형이며 검은색으로 익고 털이 없다. 씨는 노란색이다. 중국 원산으로 우리나라 남부지방에서 녹비용으로 재배하거나 야생화되어 자란다. 일본에도 귀화하여 분포한다.

꽃방망이

꽃방망이도 있구나
하나도 무섭지 않은 방망이

자주꽃방망이 한 대 맞고
싱글벙글 웃고싶다.

방망이 꽃방망이 들고
한바탕 꽃싸움 하고싶다.

꽃말 : 천사, 기도

분류 :속씨식물 〉쌍떡잎식물강 〉초롱꽃목 〉초롱꽃과
원산지 : 아시아 (중국,일본,대한민국) 서식지 : 산지의 햇볕이 잘 드는 풀밭
크기 : 약 40cm ~ 1m 초롱꽃과의 여러해살이 풀로 원산지는 한국이다. 7~8월경에 피는 꽃은 관상용으로, 잎은 나물로 식용되며 삭과인 열매는 10월에 결실을 맺는다.

장미꽃

장미 나무 구경하다
가시에 콕 찔렸다.
"앗, 따가워!
장미는 미워, 미워!"

장미꽃 구경하다
향기에 푹 취했다.

"아이 예뻐!
장미는 예뻐! 이 진한 향기!"

가시만 보면 장미는 싫고
꽃만 보면 장미가 최고!.

꽃말 : 사랑, 애정, 행복한 사랑

요약 장미과 장미속에 속하는 여러해살이 관목 또는 덩굴식물. 아시아가 원산지이다. 향기가 나는 아름다운 꽃으로 많은 종들이 거의 전세계에서 재배되고 있다. 꽃은 흔히 흰색·노란색·오렌지색·분홍색·붉은색을 띤다. 줄기에는 가시가 있으며, 잎은 마주나는데 깃털 모양으로 갈라진 겹잎이다. 약간 넓은 타원형의 잔잎에는 날카로운 톱니가 있다. 장미유는 향수를 만드는 데 쓰인다.

조팝꽃

아기들은 하얀 꽃 송이송이
예쁘다고 하지만

보릿고개 시절
할아버지 할머니 조밥 잡쉈지.

요즘은 새 모이로 주면서
사람들은 먹기 싫대요.

꽃말 : 노련하다

조팝나무는 늦은 봄 잎이 피기 조금 전이나 잎과 거의 같이, 산자락이나 들판에 사람 키 남짓한 작은 떨기나무가 떼로 자라면서 새하얀 꽃들이 수백 수천 개가 무리 지어 핀다. 흰빛이 너무 눈부셔 때늦은 눈이 온 줄 알고 깜짝 놀란다. 버들잎 모양의 잎이 꽃과 같이 피는 모습을 두고 일본 사람들은 눈버들(雪柳)이란 낭만적인 이름을 붙였다.
조팝나무는 좁쌀로 지은 조밥에서 유래되었다고 본다. 우리의 먹을거리는 쌀, 보리, 조, 콩, 기장의 오곡(五穀)으로 대표된다. 조는 땅이 척박하고 가뭄을 타기 쉬운 메마른 땅에 주로 심었으며, 오곡의 세 번째 자리를 차지할 만큼 중요한 곡식이었다.

쥐똥나무

꽃 모양도 열매도
꼭 쥐똥 닮았네.

생쥐 들쥐 엄마쥐 아기쥐
동글동글 닮았어.

동글동글 쥐똥
언제 여기다 똥을 쌌나.

꽃말 : 강인한 마음

요약 물푸레나무과에 속하는 낙엽활엽관목. 원산지는 한국과 일본이다. 전국의 산기슭이나 계곡에 흔하게 자란다. 나무껍질은 회색이 도는 흰색이며 어린 가지에 잔털이 있는 경우가 있다. 생장이 빠르고 잔가지를 많이 치는 편이라 나무 전체가 넓고 둥그스름하게 자란다. 정형적인 수형 조성이 가능하며 환경 적응력이 좋아 어느 곳에나 심어도 잘 자란다. 목재가 치밀하고 단단하여 도장이나 지팡이를 만들기도 한다. 보라빛이 도는 검정색 열매를 말려 한약재로 쓴다.

쥐오줌풀

누가 여기다
오줌을 쌌을까
오라! 아기 생쥐였구나.

쥐오줌 받아먹고
오줌풀꽃 피었구나.

쥐들이 오줌 누고
향기로운 풀꽃 피웠구나.

꽃말 : 허풍쟁이, 정열

다년생 초본으로 근경이나 종자로 번식한다. 전국적으로 분포하며 산지에서 자란다. 원줄기는 높이 45~90cm 정도로 곧추 자라며 윗부분에서 가지가 갈라진다. 마디 부근에 긴 백색 털이 있고 뿌리에 강한 향기가 있다. 근생엽은 모여 나고 경생엽은 마주난다. 5~6월에 산방상으로 달리는 꽃은 붉은빛이 돈다. 열매는 길이 4mm 정도의 피침형으로 윗부분에 꽃받침이 관모상으로 달려서 바람에 날린다. '넓은잎쥐오줌풀'과 달리 식물체가 소형이고 마디와 줄기에 털이 있다. 관상용 및 밀원용으로도 심는다. 봄 · 초여름에 연한 줄기와 잎을 삶아 나물로 먹거나 어린순을 데쳐서 된장이나 고추장에 무쳐 먹는다. 튀겨먹거나 국으로도 먹는다.

접시꽃

나는 나는 꽃접시에
호박부침개 담아서

할아버지 할머니께
대접하고 싶어요.

접시마다 꿀과 향기 가득 담아서
앞집 뒷집 옆집에 나눠주고 싶어요.

오른손 왼손 층층마다 꽃접시 들고
벌이랑 나비랑 데리고 가고 싶어요.

꽃말 : 풍요, 야망, 평안

아욱과에 속하는 초본식물. 중국 원산으로 멋진 꽃 때문에 널리 재배되고 있다.
아욱과 접시꽃속(Althaea)의 초본식물이다. 촉규화(蜀葵花)라고도 한다. 중국 서부 지역이 원산지인 한 해 또는 두해살이풀로 15세기 전후 유럽에 수입된 것으로 추정한다. 흰색과 분홍색, 붉은색, 노란색 등 선명한 색의 매력적인 꽃으로 유명하다. 전 세계 온대 지역에서 관상용으로 널리 재배한다. 한국에서도 자생하며 관상용이나 약재로 이용한다.

제비꽃

삼월이라 삼짇날 아침부터 저녁까지
남쪽 하늘 바라보며 제비를 기다린다.
시골집 마당가에서 제비꽃이 기다린다.
제비꽃의 기도 소리 제비야 들리지않니?

꽃말 : 순진한 사랑. 겸양

전국의 들에서 흔히 볼 수 있는 여러해살이 풀이다. 줄기가 없이 잎은 뿌리에서 모여 나고 잎자루가 길이 3~15cm정도 된다. 잎몸은 긴 삼각형 모양으로 길이 3~8cm, 폭 1~2.5cm 정도 되고 가장자리에 톱니가 있으며, 잎자루 위쪽은 날개처럼 되어있다.
제비꽃이란 이름은 강남에 갔던 제비가 돌아올 때쯤 꽃이 핀다고 해서 붙여진 것인데, 지방에 따라서는 오랑캐꽃, 반지꽃, 앉은뱅이꽃, 외나물이라고 부르기도 한다. 오랑캐꽃이란 이름은, 꽃을 뒤에서 보면 그 모양이 오랑캐의 투구를 닮았다 하여 붙여진 이름이다. 꽃은 4~5월에 진한 자주색으로 피는데 꽃의 색상에 따라 그 변종이 많은 편이며, 꽃잎은 5장이다.

제비동자꽃

강남 가기 싫어하던 제비동자님
동녀랑 헤어지기 싫어
한 송이 꽃동자가 되었나요?

보내기 싫어하던 동녀님
제비동자님과 헤어져
한 송이 슬픈 꽃이 되었나요?

동자(童子)님, 동남(童男)님,
동녀(童女)님이 그리워
이곳에서 꽃이 되었나요?

꽃말 : 기다림

생물학적 특징 다년생 초본 높이는 50~80㎝, 털이 없음 잎은 대생, 엽병은 없음, 피침형, 원저, 길이는 3~7㎝, 너비는 1~2㎝, 엽연에 털이 있음 꽃은 양성화, 7~8월 진홍색 개화, 취산화서 포는 옆으로 퍼짐, 선형, 길이는 3~5㎜ 꽃받침은 원통형. 꽃잎이 제비 꼬리를 닮은 제비동자꽃은 동자꽃의 한 종류로, 꽃잎의 끝이 제비 꼬리처럼 길게 늘어져 있어서 붙여진 이름이다. 본종인 동자꽃은 키는 약 40~100㎝로 반그늘의 습기가 많은 곳에 자란다. 제비동자꽃은 강원도 대관령 이북 높은 지역에서 자란다.

참깨꽃

거짓말이 싫어서 참말 생겼지
참말이 좋으니까 참깨도 좋지.

고소한 깨소금, 고소한 참기름
참깨가 좋으니까 소금 기름 다 좋지.

깨꽃 자리에 까맣게 여문 참깨
탈 탈 탈 탈 털어봐.

참 참 참 참깨 나오지.
깨 깨 깨 깨소금 나오지.
참 참 참 참기름 나오지.

꽃말 : 기대

참깨는 열대지방에 주로 분포하나, 남아메리카, 중국, 러시아, 미국 등지의 북위 40°까지도 재배되고 있다. 해발이 비교적 낮은 곳에서 주로 재배되는데 아프리카의 케냐에서는 해발 1,800m, 네팔에서는 2,000m에서까지도 재배되고 있다.
참깨나 들깨는 전형적인 한해살이풀이다. 이들은 장일식물(낮의 길이가 길어야 꽃이 피고 열매를 맺는 식물)이라 요즘 밭에서 보면 슬슬 꽃 피우는 것을 볼수 있다.

참좁쌀풀

쌀 중에서 제일 작은 쌀
참좁쌀 닮은 꽃

좁쌀 풀을 끓여서
떨어진 책갈피 붙여 봐

찰싹 한 번 달라붙으면
떼어내기 힘들 걸

꽃말 : 항상 기억하세요

다년생 초본으로 근경이나 종자로 번식한다. 중부지방에 분포하며 산지나 들에서 자란다. 원줄기는 높이 40~80cm 정도이고 능각이 있으며 가지가 많이 갈라진다. 잎자루가 짧은 잎은 마주나거나 돌려나며 길이 2~9cm, 너비 1~4cm 정도의 타원형으로 가장자리가 밋밋하고 양면과 가장자리에 잔털이 산생한다. 6~7월에 개화하며 화경에 피는 꽃은 황색이다. 삭과는 지름 4mm 정도로 둥글고 꽃받침으로 싸여 있으며 끝에 길이 4mm 정도의 암술대가 달려 있다. '좁쌀풀'과 달리 줄기에 능각이 있으며 잎 가장자리에 잔털이 산생하며 꽃잎 양면에 황색 털이 있다. 어릴 때에 식용하고 관상용으로 심는다. 잎은 구충제로 쓰기도 한다. 연한 잎과 줄기를 삶아 나물로 먹는다.

채송화

키가 작다고 얕보지 마
꽃이 작다고 비웃지 마

키가 커도 징그러운,
꽃이 커도 보기 싫은
그런 꽃도 있는데....

키다리 못 생긴 어른보다
첫돌 지난 우리 아기가
방긋방긋 더 예쁜것 처럼

꽃말 : 가련, 순진

화단에 심어 기르는 한해살이풀이다. 줄기는 눕거나 비스듬히 자란다. 잎은 어긋나며, 원주형, 길이 1-2cm, 끝이 뭉툭하고, 잎겨드랑이에 흰 털이 나며 다육질이다. 꽃은 7-10월에 가지 끝에서 1-3개씩 피며 붉은색, 흰색 또는 노란색이다. 꽃자루는 없다. 꽃받침잎은 2장, 막질, 넓은 난형, 길이 5-7mm이다. 꽃잎은 5장 또는 그 이상, 도란형, 끝이 파진다. 수술은 많고, 암술대는 5-9갈래다. 열매는 삭과이며, 막질, 익으면 중앙에서 수평으로 갈라져서 터진다. 씨는 많고, 검은색이다. 남아메리카 원산이며 우리나라 전역에 관상용으로 식재한다.

처녀치마 꽃

무슨 처녀 치마가 이럴까

이런 치마 입고 나가면
흉이나 보지 않을까

패션 디자이너가
처녀 위해 만들었을까

아니지
별나라 처녀 치마일거야

꽃말 : 절제

　백합과에 속하는 여러해살이풀. 한국과 일본 등에 분포하는 고산식물이다. 이른 봄의 개화는 10cm정도의 낮은 꽃대에서 시작되지만, 기온이 올라가면서 꽃대가 차츰 자라 50cm 높이까지 자란다. 바람에 의해 씨를 최대한 멀리까지 퍼트리기 위한 것이다. 잎은 방석처럼 퍼지며 가죽질이고 윤기가 있으며 끝이 뾰족하다. 뿌리와 줄기는 짧으며 수염뿌리가 많다. 산 속의 습한 응달에서 자란다. 꽃이 아름다운 식물로 남획의 위험에 노출되어 있어 자생지의 보호가 필요하다.

천사나팔꽃

우리 마을 백설세탁소 앞
천사나팔꽃이 활짝 피었습니다.

"개구장이들 헌 옷 가져오세요.
 백설처럼 세탁해 드릴게요."

"때묻은 옷 모두 가져오세요.
 마음의 때도 새하얗게 씻어줄게요."

"꽃향기는 덤으로 끼워 줍니다."

천사의 나팔소리 듣고
때 묻은 옷 들고 모여듭니다.

꽃말 : 덧 없는 사랑

가지과 독말풀속에 속하는 여러해살이 풀이다. 열대아메리카 원산으로 관상용으로 각광받고 있으며 흔들리듯 매달려 있는 통꽃은 초록색 꽃받침과 노랑, 빨강, 주황색 화관으로 이루어져 있다.

철쭉꽃

시집 간 누나 그리워
봄 동산에 올랐더니

초록 치마
분홍 저고리
바람에 나부끼며

잔잔한 미소로
날 반겨주네요.

꽃말 : 사랑의 즐거움

철쭉은 진달래과에 딸린 낙엽 관목이다. 진달래와 비슷하게 생겼는데, 진달래와는 달리 철쭉은 잎이 먼저 핀 다음인 5월에 꽃이 핀다. 철쭉은 우리 나라가 원산지로 전국 각지의 산에 많이 난다. 산에 저절로 나는 것에도 철쭉나무·산철쭉 등 종류가 많이 있다. 우리 나라·일본·만주에 분포한다. 진달래꽃은 먹을 수 있어서 참꽃이라고도 하나, 철쭉은 독성이 있어서 먹을 수 없으므로 개꽃이라고도 한다. 산에 나는 철쭉의 줄기는 조각의 재료나 땔감으로 쓰이고, 잎은 약재로 쓰인다. 관상용으로 정원에 심기도 하고, 온실에서 가꾸는 원예 품종도 많다. 우리 나라와 만주에 분포한다.

초롱꽃

모두 모두 여기 모이세요
초롱 하나씩 나눠 줄테니

초롱 하나 들고 마중 나가세요
밤 늦게 돌아오는 아버지
공부하고 달려오는 누나

초롱 초롱 꽃등 들고
골목길 환하게 밝혀 주세요.

꽃말 : 인도, 침묵

초롱꽃은 꽃 모양이 초롱을 닮아 예로부터 친근감이 있는 가장 한국적인 식물 중의 하나이다. 초롱꽃은 꽃이 화려하진 않지만 자생화 중에서 유난히 꽃이 크고 시원한 느낌을 주는 꽃이다. 산기슭의 풀밭에서 자라며 줄기는 30~80cm로 곧게 서며 전체에 퍼진 털이 있으며 옆으로 뻗어가는 가지가 있다. 뿌리잎은 잎자루가 길고 달걀처럼 생긴 심장 모양이며 줄기 잎은 세모진 달걀모양이고 가장자리에 불규칙한 톱니가 있다. 꽃은 6~8월에 피고 흰색 또는 황백색으로 밑을 향해 종 또는 초롱 모양으로 달린다. 화관은 길이 4~5cm이고 초롱(호롱)같이 생겨 초롱꽃이라고 한다. 어린순을 나물로 먹을 수 있다. 한국·일본·중국에 분포한다.

층꽃

아래서 위로
차례차례 피어나는 꽃

먼저 피었다고 우쭐대지 않고
나중에 피었다고 부끄러워하지 않고

똑같은 모양 색깔
층층 계단 올라가면서
도 레 미 파 솔 라 시 도
노래 부르네.

꽃말 : 허무한 삶

다년생 초본으로 근경이나 종자로 번식한다. 전국적으로 분포하며 산야의 풀밭에서 자란다. 원줄기는 높이 20~40cm 정도로 밑부분이 약간 옆으로 자라다가 곧추서고 네모가 지며 전체에 짧은 털이 있다. 마주나는 잎은 길이 2~4cm, 너비 10~25mm 정도의 난형으로 가장자리에 톱니가 있다. 7~8월에 층층으로 달리는 꽃은 적자색이다. 열매는 지름 6mm 정도로 둥글며 약간 편평하다. '두메층층이'에 비해 꽃이 작고 꽃받침에 선모가 없으며 소포는 길다. 어린순은 나물로 식용하고 밀원용이나 관상용, 약용, 사료용으로 심기도 한다.

카네이션

어버이날이 오면
아빠 엄마 가슴 한가운데
내 마음처럼 빨간 카네이션 송이
오월 햇살에 눈부시다.

어버이날 할아버지 할머니 무덤 앞
하얀 카네이션 송이 송이마다
아버지 어머니와 내 눈물
방울방울 이슬로 맺혔다.

꽃말 : 자비로움

핑크–부인의 애정, 적색–열렬한 사랑, 백색–나의사랑 존재, 황색– 당신을 경멸합니다
 석죽과 패랭이꽃속에 속하는 여러해살이풀. 지중해 연안 지역이 원산지이다. 주름진 꽃잎을 가진 꽃 때문에 널리 재배되는데, 꽃에서 스파이스향이 나기도 한다. 꽃은 7~8월에 피며, 꽃꽂이와 코르사주·부토니에르 등의 장식용으로 주로 쓰인다. 유럽에서는 옛날에 해열제로 썼으며, 엘리자베스 시대에는 카네이션을 와인과 에일의 향신료로 썼다.

란타나

나비가 란타나꽃에 앉아서
"사람들이 싫어하는 고약한 냄새,
난 참 네가 좋단다."

"사람들은 꿀을 바라지 않지만
난 꿀맛 찾아왔단다."

란타나는 사람들께도 생긋
나비에게도 방긋

꽃말 : 변화

열대 아메리카가 원산이다. 꽃의 색이 시간의 지남에 따라 흰색, 분홍색, 오렌지색, 노란색, 붉은색 등으로 계속해서 변하기 때문에 칠변화(七變花)라고 부른다. 란타나는 물을 매우 좋아하는 하마식물이다. 작은 꽃들이 뭉쳐 머리 모양을 하고 있는 두상화의 대표선수인 이 꽃은 꽃대를 쓰다듬으면 세이지처럼 자극적인 고약한 향을 풍긴다. 검은 열매는 강한 레몬향이 나고 독성이 있다.
잎에는 키니네(quinine)와 같은 경련성의 성분인 란탄닌 (lantanine)이 함유되어 있다. 이 성분은 기관지 질환, 눈병, 해열에 이용한다. 해독성을 가진 뿌리는 위통(胃痛)이나 복통(腹痛), 해열(解熱)에 약용하지만 독성은 주의해야 한다.

제9부

남한산성의 봄

코스모스 꽃길

산 고개 고개 넘어 고향 가는 길

가을바람 길 가에 반가운 얼굴
보고싶은 순이 닮은 꽃

순이는 지금쯤 어디서
무얼 하고 있을까?

코스모스 씨앗 손바닥에 올려놓고
까아만 단발 머리
순이 얼굴 그리며 걷는 길

꽃말 : 순정

멕시코 원산으로 세계에 널리 관상용으로 재배되고 있다. 학명은 Cosmos bipinnatus Cav.이다. 본래 그리스어의 Kosmos에서 유래된 것으로서 이 식물로 장식을 한다는 뜻이다. 국명 코스모스는 속명을 그대로 사용한 것이다. 높이 1~2m로 자라며 털이 없고 가지가 갈라진다. 잎은 마주나고 2회 우상으로 갈라지며 열편은 선형 또는 피침형이고 엽축과 나비가 비슷하다. 꽃은 6~10월경에 피며 가지와 원줄기 끝에 1개씩 달리고 두상화는 지름 6㎝이며. 꽃색은 품종에 따라서 연한 홍색·백색·연분홍색 등 여러 가지로 꽃잎의 끝은 톱니처럼 얕게 갈라지며 통상화는 황색이다. 과실은 수과로 털이 없고 끝이 부리같이 길다. 약효는 청열해독(淸熱害毒) 작용이 있다.

큰 방울새난

방울새야, 큰 방울새야,
방울소리도 크지 않은데
이름은 큰방울새

아하, 알았다!
방울소리 듣지 못하는
내 귀가 이상하구나.

큰 꿈을 품으라는 소리
개미도 듣고 나무들도 듣는데
나만 듣지 못했구나.

꽃말 : 미덕

난초과에 속한 여러해살이풀. 높이 15~30센티미터로, 넓은 피침형 잎이 줄기 중앙에 하나씩 달린다. 6~7월에 담홍색 꽃이 줄기 끝에 하나씩 핀다. 관상용으로 재배되며, 우리나라, 중국, 일본 등지에 분포한다.

클로버꽃

첫돌 지난 아기가
클로버꽃 앞에서
뭐라 뭐라고 지껄인다.

화성 말인지
금성 말인지
지구의 엄마는 알 수가 없다.

클로버꽃도 알 수 없는지
빤히 쳐다보고 웃기만 한다.

꽃말 : 희망이 이뤄짐. 행운

'콩과'의 여러해살이풀. 속명인 Trifolium은 라틴어로 '세 잎(葉)'이란 뜻이며, 종명인 repens는 '덩굴식물. 밑으로 낮게 자라는 것'을 가리키는 라틴어다.

햇볕이 잘 드는 곳이면 어디에서나 흔히 볼 수 있다. 원산지가 유럽임에도 극지와 정글, 사막을 제외한 오만 곳에 다 퍼질 정도로 적응력이 매우 강하다. 한국에는 원래 서식하지 않았고, 근세에 외국에서 전해진 귀화식물이다.[5] 토끼풀이라는 말의 어원으로는 토끼가 잘 먹는다고 해서 토끼풀이라는 설이 있는데, 실제로는 토끼에게 독으로 작용하는 성분[6]이 있어 주면 먹긴 하지만 건강에 좋지 않다고 한다. 하얀 꽃봉오리가 토끼 꼬리와 비슷해서 토끼풀이라고 부른다는 설도 있다. 오히려 토끼보단 닭에게 클로버를 주면 잘 먹는다.

토란꽃

한여름 밤 퍼붓던 장맛비
토란 잎이 받아내며
몸살을 앓더니

아침 해 떠오르자
하얗게 질린 꽃 한 송이
"너무 무서워 잠 한 숨 못 잤어요."

꽃말 : 행운

밭이나 집 근처에서 심어 기르는 여러해살이풀이다. 땅속줄기는 도란형 또는 타원형, 옆에 작은 것이 생겨서 번식하고, 겉이 섬유로 덮여 있다. 잎자루는 비스듬히 서며, 잎밑에서 조금 위쪽에 붙어서 방패 모양이고, 50-100cm이다. 잎은 뿌리에서 나며, 회색이 도는 녹색, 넓은 난상 타원형, 가장자리가 물결 모양, 밑이 갈라져서 귀처럼 처지고, 길이와 폭은 30-50cm이다. 잎 양면은 털이 없다. 꽃은 8-9월에 매우 드물게 피고, 잎집 밑에서 꽃차례가 1-4개 나온다. 불염포는 곧추서며, 길이 30cm쯤이고 통 부분은 녹색이다. 동남아시아 원산으로 우리나라 전역에서 재배한다.

토마토꽃

아기처럼 보드랍고 하얀 털 가지
아기 토마토 노란 꽃 피었네.

꽃 떨어진 그 자리에
동글동글 아기 토마토 열렸네.

아기 토마토 어느새
빨간 어른 토마토 되었네.

꽃말 : 완성된 아름다움

가지과에 속하는 일년생 초본식물. | 내용 지역에 따라 일년감이라고도 하며, 번가(番茄)·서홍시(西紅柿)라 부른다. 학명은 Solanum lycopersicum L.이다. 원산지는 북미대륙이며, 콜럼버스의 북미대륙 발견 뒤 유럽에 소개되었다.
Love apple 남아메리카 안데스산맥의 높은 지대에서 자라는 1년초로서 농가에서 널리 재배하고 있고 높이가 1m 이상에 달하며 가지가 많이 갈라지고 땅에 닿으면 어디에서나 뿌리가 내리며 부드러운 흰 털이 밀생한다.

파꽃

파 파 파 파….
모두 모두 2분음표

초록 기둥에 하얀 머리
파 파 파 파 파….

음표 위로 꿀벌들 합창
파 파 파 파 파….

뿌리에서 뽑아올린
2분음표 봄노래 마당

꽃말 : 인내

시베리아 원산으로 우리나라를 비롯하여 동아시아 지역에서 재배하는 여러해살이풀이다. 수염뿌리는 사방으로 퍼진다. 잎은 5-6장이 2줄로 자라며, 길이 50-70cm이다. 잎몸은 통 모양, 끝은 뾰족하고 녹색 바탕에 흰빛이 나며, 점성이 있다. 꽃은 6-7월에 피고 원통 모양의 꽃줄기 끝에 산형꽃차례를 이루며, 흰색을 띤다. 열매는 삭과로 능선이 3개 있으며, 종자는 검은색이다. 잎은 식용하며, 뿌리와 비늘줄기는 약용한다.

파리지옥꽃

잘못했어요 용서해 주세요
손바닥 닳도록 빌어도 소용없단다.

잎자루에 달린 넓은 날개
가시같은 긴 털,

조개처럼 덥석 물어버리면
끈끈이 꽃 속은 지옥이란다.

파리야, 지옥 가기 싫거든
제발 제발 죄 짓지 말아라.

꽃말 : 영원불변

끈끈이귀개과에 속하는 꽃피는 여러해살이풀. 곤충 및 다른 동물을 잡아먹는 독특한 습성으로 잘 알려져 있다. 미국 원산으로, 축축하고 이끼가 낀 지역에서 흔히 분포한다. 식물체는 비늘줄기처럼 생긴 뿌리줄기에서 자라나오며, 키가 20~30cm인 꽃추서는 줄기 끝에 흰색의 작은 꽃이 둥글게 무리 지어 핀다. 잎 가장자리에 가시 같은 톱니가 나 있으며 잎에 곤충이 앉으면 약 1.5초 만에 잎이 닫혀서 곤충을 잡는다.

팔손이꽃

여덟 개 손가락을 모아
간절히 기도하여 꽃 피운다.

두 손 모아 기도하는
엄마 아빠 팔손이

장갑을 줘도 낄 수 없겠다.
손가락이 여덟 개라서

꽃말 : 분별, 비밀

팔손이나무는 손바닥을 펼친 모양의 커다란 잎을 달고 있는 자그마한 상록수다. 키 2~3미터에 아무리 굵어도 어른 발목 굵기를...되면 덩치에 어울리지 않게 커다란 원뿔모양의 꽃대에 우윳빛 꽃이 잔뜩 매달린다. 암수가 같은 나무이고 암수 꽃이 같이 핀다.
특징 손이 여덟 개가 아니고 넓은 잎이 여덟 갈래로 갈라져 있는 것처럼 보여서 팔손이나무라 불린다. 언뜻 보면 외국의 관엽식물로 착각하기 쉬우나 우리 자생식물 중의 하나로 거제도나 남해 등 남부 해안가 주변이 고향이다.

패랭이꽃

간 밤 은하수에서
멱 감고 내려온 별아기들

반짝반짝 눈동자 굴리며
아침 해를 맞는다.

산에도 꽃밭에도
꼬마 별들이 생글생글 웃는다.

꽃말 : 희생과 온화. 순결한 사랑

전국의 산과 들 건조한 곳에 흔하게 자라는 여러해살이풀이다. 세계적으로 카자키스탄, 중국, 몽골, 러시아 동북부, 유럽 등에 분포한다. 줄기는 모여나며, 곧추서고, 높이 30-50cm다. 잎은 마주나며, 선형 또는 피침형이다. 잎 끝은 뾰족하고, 밑은 줄기를 조금 감싼다. 줄기 아래쪽 잎은 수평으로 벌어지거나 밑으로 처진다. 꽃은 6-10월에 줄기 또는 가지 끝에서 1-3개씩 피며, 붉은 보라색이다. 꽃받침은 짧은 원통형, 5갈래로 갈라진다. 꽃싸개잎은 보통 4장, 끝이 길게 뾰족하다. 꽃잎은 5장, 끝이 여러 갈래로 얕게 갈라지며, 아래쪽에 점이 있고, 밑이 좁아져서 꽃받침통 속으로 들어간다. 수술은 10개, 암술대는 2개다. 열매는 삭과이며, 끝이 4갈래로 갈라지고, 꽃받침이 남아 있다. 관상용으로 재배하고 약으로 쓰이기도 한다

풍접초꽃

풍접초꽃 너를 보면
하늘 땅, 향기 가득 채우고 싶어

풍접초꽃 너를 보면
남북 마을 하나 되고 싶어

풍접초 너를 보면
시기 질투심 통째 버리고 싶어

꽃말 : 불안정, 시기 질투

1년생 초본으로 종자로 번식하고 열대아메리카가 원산지인 관상식물이다. 원줄기는 높이가 60~120cm 정도이고 전체적으로 선모와 더불어 잔가시가 산생한다. 어긋나는 잎은 장상복엽이고 소엽은 5~7개이며 길이 9cm 정도의 긴 타원상 피침형이고 가장자리가 밋밋하다. 8~9월에 개화하고 총상꽃차례에 달리는 꽃은 홍자색 또는 백색이다. 삭과는 길이 8~11cm 정도의 선형으로 하반부가 가늘어져 대같이 되며 종자는 신장형이다. 관상용으로 정원에 심는다.
쌍자엽식물(dicotyledon), 이판화(polypetalous flower), 1년생초본(annual herb), 직립형식물(erect type), 재배되는(cultivated), 약용(medicinal), 관상용(ornamental plant)

피나물

피가 모자라는 분
피나물 먹어보세요.

피 흘리며 싸우는 분
피나물꽃 웃는 모습 좀 보세요.

줄기 속에 빨간 피
숨어 흐르지만

노랑꽃 웃음 속엔
따뜻한 사랑 숨어있지요.

꽃말 : 부부애

피나무과에 속하는 낙엽 활엽교목. 달피라고도 부른다. 원산지는 아시아이며, 숲 속에 서식한다. 크기는 약 20m이다. 꽃말은 '부부애'이다. 여름에 피는 꽃은 약한 노란 빛을 띠며, 열매는 동그란 모양이다.
피나무만큼 쓰임새가 넓은 나무도 흔치 않다. 목재, 나무껍질, 꽃, 열매 모두 옛사람들이 살아가는 데 꼭 필요한 자원을 제공해주었다. 피나무 종류는 유럽, 아시아, 북미에 걸쳐 북반구의 온·한대지방에 걸쳐 널리 자란다.

할미꽃

"셋째야, 셋째야."
눈보라 산 고갯길에서
셋째 딸 부르다 숨져간 할머니의 넋

이듬해 봄 땅 속에서
다시 살아난 꼬부랑 할머니의 혼

첫째도 둘째도 셋째도
무덤 앞에 땅을 치고 후회하는 꽃

꽃말 : 충성, 슬픈 추억

제주도를 제외한 전국의 양지바른 곳에 자라는 여러해살이풀이다. 줄기는 높이 30-40cm다. 잎은 뿌리에서 여러 장 나고, 작은 잎 5장으로 이루어진 깃꼴겹잎이다. 작은 잎은 깊게 갈라진다. 총포는 꽃줄기를 감싸며, 3-4갈래로 갈라지고, 긴 털이 난다.
미나리아재비과에 속하는 여러해살이풀. 한국 전역의 산과 들에 자라는 한국 고유의 야생화이다. 키는 40cm 정도이고 전체에 흰색의 털이 촘촘하게 나있다. 잎에는 흰색 잔털이 빽빽하게 나있고 잎의 표면은 진녹색이다.

함박꽃

남들은 작약꽃이라지만
나는 함박꽃이 더 좋아

오늘도 함박웃음으로
환한 얼굴, 하늘이 활짝

내일도 싱글벙글
모레도 싱글벙글
함박 웃는 꽃

꽃말 : 수줍음

작약과에 속하는 관속식물. 흰색이나 빨간색 또는 여러 가지 혼합된 색의 꽃은 5〜6월에 원줄기 끝에서 1개가 핀다. 중국이 원산지로 관상용이나 약초로 재배된다. 토양이 깊고 배수가 잘 되며 약간 그늘진 곳에서 잘 자란다.
분포지역 전국적으로 분포한다. 형태 여러해살이풀 크기 높이 50-80cm이다. 잎 근생엽은 1-2회 우상으로 갈라지며 윗부분의 것은 3개로 깊게 갈라지기도 하고 밑부분이 엽병으로 흐른다. 소엽은 피침형
우리말에는 고운 말이 많습니다. 그중에서도 '함박웃음'이라는 말은 어감이 참 좋습니다. 입을 함지박처럼 크게 벌리고 환하게 웃는 기분 좋은 웃음이지요. 또 그렇게 웃는 얼굴을 보고 '함박꽃이 피었다'고 표현한다.

해당화

해당화 곱게 핀
바닷가 하얀 모래밭

파도 소리 마음 설레어
어머니를 불러본다.

해당화 닮은 우리 어머니
바닷가에 피어나셨네.

꽃말 : 온화, 미인의 잠결

장미과에 속하는 낙엽 활엽관목. 원산지는 한국, 일본, 사할린, 만주, 쿠릴열도, 캄차카 등의 아시아 지역이고, 동아시아의 온대에서 아한대에 걸쳐 널리 분포한다. 바닷가의 모래밭이나 산기슭에서 자라고 관상용으로 많이 심는다
해당화는 멀리 고려시대 이전부터 아름다운 자태를 노래하던 꽃나무다. 《고려사》에 실린 〈당악(唐樂)〉에 보면 "봄을 찾아 동산에 가니/고운 꽃 수놓은 듯이 피었네/해당화 가지에 꾀꼴새 노래하고······"라고 하였다.
잎 어긋나며 5~9개의 작은 잎으로 구성되는 홀수 깃꼴겹잎이다. 작은 잎은 두껍고 길이 2~5cm, 나비 약 12mm의 타원형 또는 타원 모양의 거꿀달걀꼴이며 가장자리에 잔톱니가 있다. 앞면에 주름이 많고 광택이 있으며 털이 없다.

해바라기

무럭무럭 쑥쑥 자라도록
봄 여름내 따뜻한 햇볕 주셔서
해님께 고개 숙여 절합니다.

알알이 탱글탱글 여물도록
맛있는 젖과 거름 듬뿍 주셔서
하늘과 땅에 고개 숙여 절합니다.

무서운 천둥 폭풍우에도
넘어지지 않도록 붙잡아 주셔서
울타리에 고개 숙여 절합니다.

꽃말 : 동경, 숭배, 의지, 신앙

1년생 초본으로 종자로 번식하고 북아메리카가 원산지인 재배식물이다. 원줄기는 높이 1.5~2.5m 정도이고 윗부분에서 가지가 갈라지며 전체적으로 굳은 털이 있다. 어긋나는 잎은 길이가 10~30cm 정도인 심장상 난형으로 가장자리에 큰 톱니가 있다. 8~9월에 꽃이 핀다.
태양처럼 뜨거운 감정을 대변하는 영혼의 꽃 아메리카산 한해살이로서 각지에서 심고 있으며 높이가 2m에 달하고 전체적으로 굳센 털이 났다. 잎은 어긋나며 잎자루가 길고 심장상 난형 또는 타원상 넓은 난형이며 끝이 뾰족하다.

해오라비 난초

해오라비 백로 한 쌍
날개를 활짝 펴고 날아오른다.

어디로 갈까
누가 우릴 기다릴까

그래 그래,
따뜻한 남쪽 나라
살아있는 강변 숲속으로 가자.

그곳에서 맘껏
알 낳고 새끼 키우며 살자.

꽃말 : 꿈에서라도 만나고 싶다

해오라비난초는 우리나라 중부와 남부의 습지에서 자라는 다년생 초본이다. 생육환경은 햇볕이 잘 드는 습지에서 자란다. 키는 15~40cm이고, 잎은 길이가 5~10cm, 폭은 0.4~0.6cm이고 비스듬히 서고 넓은 선형이다. 줄기는 밑부분에 칼집 모양으로 되어있다..
분포지역: 일본, 한국(수원시, 양구군, 정선군, 홍천군, 상주시, 산청군) 형태: 여러해살이풀 꽃은 7~8월에 핀다.

행운목꽃 핀 날

이게 몇 년 만인가!
행운목 꽃 핀 날
우리집은 잔치 벌였다.

젤 먼저 찾아온 벌 나비에게
행운 한 아름 안겨주고

가난한 순이에게
"부자 되세요"
아파 누운 이웃 아저씨께도
"어서어서 나으셔요."

개미도 살금살금
여치도 슬금슬금 기어올라가
행운 한 아름 받았다.

꽃말: 행운, 행복

생활공간에서 이용하는 관엽류 중 가장 많이 쓰는 게 바로 행운목이다.
화분에 심어 실내에서 관상용으로 기르는 것이 일반적이다. 건물의 사무실이나 학교, 가정의 베란다에 실내정원을 만들 때 중요한 중심소재로 쓰기도 한다. 종에 따라 키가 6m까지 자라는 것도 있으며 잎이 가늘고 길어 시원한 느낌을 준다. 여름에 햇볕이 강하면 반그늘 정도의 차광이 필요하다. 대신 겨울에는 볕이 잘 드는 곳에 두어야 고유의 잎 색을 낸다. 생장에 알맞은 온도는 20–25℃이며, 추위에도 강한 편으로 겨울에 12℃ 정도에도 잘 견딘다.

호박꽃

꽃 속에 꿀이 제일 많은 걸
꿀벌은 이미 알고 있었지.

꽃 떨어진 그 자리에
동글동글 표시해 주었지.

꽃 속에서 꿀 한 동이 얻었다고
아기호박 열리게 해주고

꿀벌이 은혜 갚은 자리
아기호박, 동글동글 자라나지.

꽃말 : 해독

원줄기에서 가지가 갈라지며 단면이 오각형으로 잎과 마주나는 덩굴손으로 다른 물체에 잘 붙는다. 어긋나는 잎은 길이가 15~30cm 정도인 심장형으로 가장자리가 5개로 얕게 갈라지며 톱니가 있고 양면에 솜털이 있다. 6~10월에 피는 자웅이화인 꽃은 황색이다. 열매의 크기, 모양, 색깔 등은 품종에 따라 다르며 종자는 납작한 타원형으로 황백색이다. 전국적으로 재배하며 열매는 식용, 약용, 사료용 등으로 이용한다. 줄기와 잎은 쌈이나 된장국을 끓여 먹는다. 꽃을 프라이팬에 살짝 볶은 뒤 그늘에서 말린다. 뜨거운 물을 1년생 초본의 덩굴식물로 종자로 번식한다. 열대아메리카가 원산지인 재배식물이다. 덩굴줄기는 길이 4~8부어 우려낸 뒤 차로 마신다.

홀아비꽃대

홀로 살던 그 할아버지
깊은 산 속에 꽃으로 피어났다.

흰 옷 입고 외롭게
학처럼 조용히 살다 가셨다.

홀아비 하얀 꽃대가
지나던 바람이 꽃대 잡고 위로한다.

꽃말 : 외로운 사람

요약 홀아비꽃대과에 속하는 다년생초. 중국과 한국 등이 원산지이고, 산지에 서식한다. 크기는 약 20~30cm이다. 뿌리를 약재로 쓸 수 있으며 이뇨작용에 효과가 있다. 꽃은 봄에 핀다.

홍초(칸나)

한여름 소나기 쏟아지던 날
홍초가 시원스레 목욕을 하고
푸들푸들 물방울을 털고

화들짝 꽃을 피운다.
한 여름 하늘 한 번 쳐다보고
싱글벙글 웃음보따리 터뜨린다.

꽃말 : 행복한 종말, 존경

다년생 초본으로 뿌리나 종자로 번식하고 열대지방이 원산지인 관상식물이다. 근경에서 나오는 줄기는 높이 1~2.5m 정도로 원주형이며 홍자색 또는 녹색이고 자르면 점액이 나온다. 잎몸은 길이 30~40cm, 너비 10~20cm 정도의 광타원형이며 밑부분이 잎집으로 되어 원줄기를 감싸고 곁맥이 평행으로 된다. 7~10월에 개화하며 꽃색은 붉은색이나 품종에 따라 여러 가지이고 꽃잎은 3개이다. 관상용으로 인공적인 잡종이 많으며 전국적으로 재배되고 있다. 중북부지방에서는 노지에서 월동하지 못한다.

초록 별나라 숲사랑 꽃잔치

초판 인쇄 2023년 5월 22일
초판 발행 2023년 5월 25일

지은이 정용원
발행인 임수홍
디자인 맹신형

발행처 한국문학신문
주　소 서울 강동구 양재대로 114길 32 2층
전　화 02-476-2757~8   FAX 02-475-2759
카　페 http://cafe.daum.net/lsh19577
E-mail kbmh11@hanmail.net

값　15,000 원

ISBN 979-11-90703-70-3

· 저자와의 협약에 의해 인지는 생략합니다.
· 이 동시집의 글은 저작권법에 따라 보호를 받는 저작물이므로 저자와 출판사의 동의 없이는 무단 전재 및 무단 복제를 금합니다.

◎ 지은이 E-mail　cyw0522@hanmail.net
◎ 지은이 주소　　서울특별시 서초구 양재대로2길 90 서초힐스@ 211-1003 우 06767

· 잘못된 책은 바꾸어드립니다.